# 木でつくろう
# 手でつくろう

遠藤敏明
Toshiaki Endo

木でつくった家の模型《もけい》。絵本に出てくる家をモデルに、
想像《そうぞう》をふくらませて形にしてみた。

小峰書店

白神《しらかみ》山地のブナ林。たっぷりと水を吸《す》い上げて育つ。
幹《みき》に聴診器《ちょうしんき》をあてれば水音が聞こえるほどだ。

バターナイフやスプーン。
木を切って、根気よくみがいてゆけば、
すてきなものができてくる。
手を動かせば、思いはだんだん形になってゆく。
その道のりを楽しもう。

◆目次

イラスト・表紙絵　佐々木洋子

装　幀　舟橋菊男

企画編集協力　戸谷龍明

# はじめに

## 1　工作の好きな子ども

小学生のころ、家の近くの野原や林を歩きまわるのが日課だった。そのころの男の子たちはみな同じように野山を歩き回っていたのではないかと思う。夏になると木の枝《えだ》や葉におおわれて薄暗《うすぐら》い、ナラの樹液《じゅえき》の香《かお》りがたちこめる、お気に入りの場所があった。ここには、木からにじみ出る樹液《じゅえき》に誘《さそ》われてカブトムシやクワガタ、緑色の金《きん》属《ぞく》のように輝《かがや》くカナブンが集まる。ぼくは、同じように蜜《みつ》に集まる大きなハチにおびえながらも、虫たちに近づいた。

家のそばのイチジクの木では、ゴマダラカミキリやタマムシを見つけた。大きなゴマダラカミキリの背《せ》には、真珠《しんじゅ》のように光《ひか》り輝《かがや》く乳白色《にゅうはくしょく》の模様《もよう》があった。初めて見るタマムシの虹色《にじいろ》に驚《おどろ》き、いつまでもながめた。

あるときは、拾い集めた木材で、秘密基地《ひみつきち》を建てたり、いかだを作って沼《ぬま》にこぎ出《だ》して水に落ちたりした。今思うと危険《きけん》がいっぱいで、この秘密《ひみつ》の冒険《ぼうけん》を親が聞いたら、びっくりしてあきれるだろう。でもそれは、パソコンや携帯《けいたい》のない時代のふつうの遊びだった。

ぼくが走り回った野山には今、高層《こうそう》ビルが建ち、高速道路が通っている。時代は変わったけれど、変わらないものもある。どんなに便利な時代になっても、自然はぼくらを包み囲んでいるし、ぼくらは自然のすばらしさやこわさを感じ、その恵《めぐ》みを利用しながら生きている。

生《お》い茂《しげ》る草や木々の緑、空の青さ、山から流れる水の冷たさ。林の中をぬける風の

涼《すず》しさ。山から降《お》りてきて田の上をわたる風。さりげなく、とどまらず、動き、流れ、循環《じゅんかん》する自然の中でぼくらは生きているのだ。

野原を走り回ってばかりいたぼくを心配して、本好きの父親が、子ども向けの自然科学と工作の雑誌《ざっし》を買ってきた。少しは文字を読ませたかったのかもしれない。父の作戦は大当たりし、ぼくはそれから毎月かかさずに、自分のおこづかいで購入《こうにゅう》するようになった。本棚《ほんだな》にならべ、何度もくりかえし読んだ。そして、これが思いもしない方向へとぼくを導《みちび》いた。ぼくは工作好きになって、のちにスウェーデンという国に工作の勉強に行くことになるのだ。

## 2　ぼくがいるところ

日本の東北地方、秋田県秋田市を見守る太平山《たいへいざん》のふもとにぼくの工房《こうぼう》（アトリエ）がある。仕事場の窓《まど》から見える川は、山間の田んぼの中を縫《ぬ》うようにS《エス》字形に曲がっ

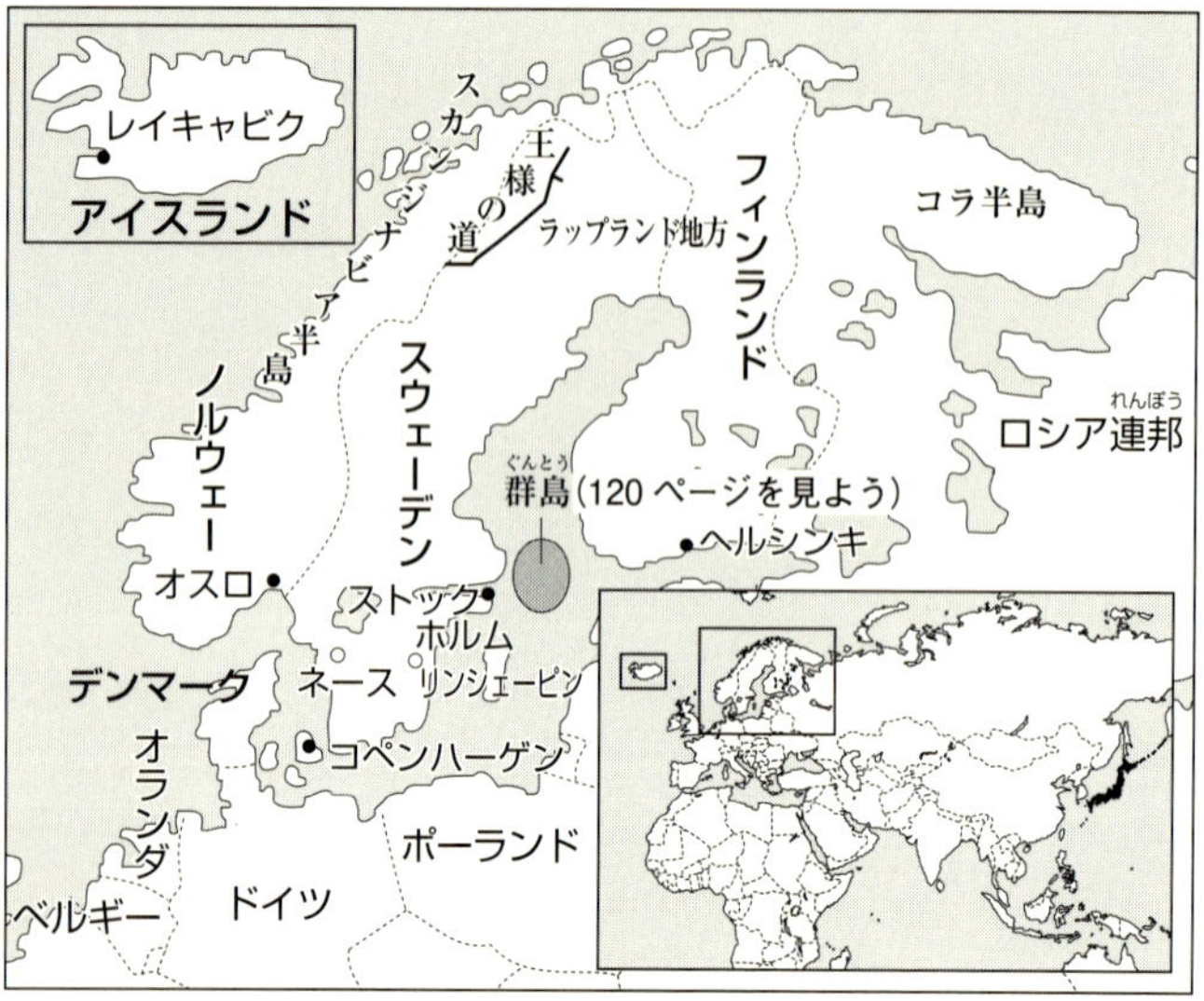


ている。今は、雪が積もっていて真っ白だ。春になって田植えが終われば、一面緑色のじゅうたんのようになるだろう。そのむこうにはさまざまな種類の木々が、四季折々の色彩《しきさい》を見せてくれる。降《ふ》り始めた雪や、春の芽吹《めぶ》きをながめる時、ここは北欧《ほくおう》のようだと思う。

北欧《ほくおう》というのは、欧州《おうしゅう》つまりヨーロッパの北の方を意味し、たいていはアイスランド、ノルウェー、スウェーデン、デンマーク、フィンランドの5か国を指して、北欧《ほくおう》5か国と呼《よ》ばれている。日本からはとても離《はな》れている国ぐにだけれど、ぼくは学生時代の一時期をスウェーデンという国で過《す》ごした。
仕事場にいるぼくが、ここを北欧《ほくおう》のように感じる理由は景色だけではない。ぼくはスウェーデンの友人たちを、今でもとても身近に感じている。幼《おさな》いころに見た美しいゴマダラカミキリも身近に感じるが、友人たちは、ささやかなぼくの人生に大きな影《えい》響《きょう》を与《あた》えた。経験《けいけん》したことのなかには、記憶《きおく》となり、年月が経《た》っても、まったく色あせていくことなく、いっそう身近に感じられることがある。スウェーデンでの生活は、ものをつくることの意味や生き方をぼくに教えた。

ぼくの仕事場は、ぼくの生まれた横浜《よこはま》から650キロメートルほど離《はな》れている。だからぼくが走り回った野山から遠い。はじめてこの地にきた時は、秋田と東京は高速道路もつながっていなかった。太平洋側と日本海側の間には奥羽《おうう》山脈があり、これを越《こ》えるのが大変だった。今では新幹線《しんかんせん》も高速道路も通っているから、ずいぶんと楽に東京と秋田を行き来することができる。

秋田市の北東にそびえる太平山《たいへいざん》（1170 m）。

秋田新幹線《しんかんせん》「こまち」は、東京から秋田までを約4時間で走る。秋田に近づくにつれて、初夏の車窓《しゃそう》からながめる風景は、木々や田んぼの緑でいっぱいになる。新幹《しんかん》線《せん》で秋田駅に入ると、右手に太平山《たいへいざん》という山が見える。とても美しい山だ。

秋田駅からさらに北へ列車で行くと、秋田と青森の間に、1993年にユネスコの世界遺産《せかいいさん》に登録された「白神山地《しらかみさんち》」がある。人の手がまったく加えられていないブナの原生林からなる地域《ちいき》だ。狭《せま》いと言われる日本にまだ、そのような土地があるというのは驚《おどろ》きだろう。8000年前にはすで

手つかずの原生林が広がる世界自然遺産《せかいしぜんいさん》の白神山地《しらかみさんち》。（写真提供：林信太郎氏）

にブナ林があったという。地球が今よりもずっと寒くて巨大《きょだい》な氷が地表をおおっていた氷河期《ひょうがき》が終わり、ブナ林が形成された。その後、山が深く人びとが入りにくく、ブナの木を大量に利用することがなかったために開発をまぬがれた。だから白神山地《しらかみさんち》は自然の遺産《いさん》なのだ。わたしたちはその中に立ち入ることは許《ゆる》されていないけれど、遠くからながめるだけで、そのすばらしさ、神々《こうごう》しさを感じることができる。

秋田県は、日本の本州東北部に位置する東北地方のなかにある。東北地方は、青森県、岩手県、秋田県、山形県、宮城《みやぎ》県、福島県の6県からなり、本州の面積の約三割《わり》をしめるほど大きい。だから、東北地方と言っても北と南、また日本海側と太平洋側では気候に違《ちが》いがあり、異《こと》なる風土と文化がある。なかでも青森、岩手、秋田は北東北と呼《よ》ばれ、東北地方でも北に位置し、豪《ごう》雪《せつ》地帯で寒いところとして知られている。秋田は南の地域《ちいき》と比較《ひかく》すれば、寒くて雪も多いのだが、一般《いっぱん》に、青森市は雪が多く、岩手県の盛岡市《もりおかし》は気温が低く、秋田県は日照時間が少ないと言われたりする。東北地方に住んでいる人びとは、およそ934万人（2010年国勢調査《こくせいちょうさ》）で、スウェーデンの人口とほぼ同数である。ちなみにスウェーデンは日本の国土の1・2倍の大きさだ。

## 3　ぼくの仕事

ぼくは今、大学の先生をしている。教えているのは、身のまわりで使ったり、ながめたりするもの、たとえば家具や器を木でつくることだ。こういう木を利用した仕事は、一般《いっぱん》に「木工」と呼《よ》ばれる。木の工作、木の工芸という意味だ。世界中の人たちは、地球に生えている木々を、古くから、じょうずに使いこなしてきた。その技術《ぎじゅつ》には共通するところも多いが、さまざまな呼《よ》び方《かた》がある。英語ではウッドクラフトとか、ウッドワークという。世界中で、さまざまな呼《よ》ばれ方《かた》をしているが、ぼくが一番好きな言葉は、スウェーデン語の「スロイド」だ。日本では聞《き》きなれない言葉だと思う。

スロイドの語源《ごげん》は古代の北欧語《ほくおうご》で、「じょうずに当てることができる人」という意味の言葉からきている。古代、狩猟民族《しゅりょうみんぞく》であったスウェーデン人の祖先《そせん》は、石や、やりを使って獲物《えもの》をとっていた。それがじょうずであるということは、スロイドが生きる上で重要な技術《ぎじゅつ》を意味していたということだ。

スロイドは、現代《げんだい》では、さまざまな材料（たいていの場合は、木材、金属《きんぞく》、繊維《せんい》など）を利用して、手で生活に必要なものをつくることを意味している。日本には図画工作という教科があるが、スウェーデンではスロイドという教科がある。内容《ないよう》は、木を使った工作（木材工作）や彫刻的《ちょうこくてき》なものが中心になり、さらに金属《きんぞく》を使うものや織物《おりもの》もある。

スロイドのやり方は二とおりある。自分の思うままにつくることもあれば、まわりの環境《かんきょう》や、人びとの生活を考えてつくることもある。一方はアートと呼《よ》ばれたり、もう一方はデザインと呼《よ》ばれたりする。どこまでがアートで、どこからがデザインか、わからないものもたくさんある。それで良い場合もあるし、しっかり分けて考えなくてはならない場合もある。

ぼくの仕事は、つくることも大切だけれど、つくるという活動をささえている社会や自然、環境《かんきょう》、素材《そざい》や技術《ぎじゅつ》などを考えて、どうしたら、ものをつくることや、つくられたものが、人びとを幸せにすることができるのかを考えることだ。つくられたものがほかの人を幸せにする場合もあれば、ものをつくるということ自体が自分を幸せにすることだってある。

現代《げんだい》のぼくらの生活からは、どんどんものをつくるという機会が失われている。も

工房《こうぼう》で制作《せいさく》する著者《ちょしゃ》。

のをつくるのは楽しいのだが、やらなくなれば、その楽しさも忘《わす》れてしまう。ぼくらの生活の中に、どうしたら、手を使って工夫して、ものをつくるということのすばらしさを伝え、その機会をふやしていけるのだろうか。

生活の中で使うものをつくって幸せになるには、ふだん日常生活《にちじょうせいかつ》で、あたりまえだと思っていたり、あきらめていたりしたことを、もういちど整理して考えてみないといけない。なんでもないと思っていたことや、いっけん何にも関係がないと思われるようなところに、探《さが》しもののヒントがあり、何かすてきなものが隠《かく》れているのだ。

身のまわりで必要なものを、身近な素材《そざい》でつくり出すことは、楽しく奥《おく》が深い。日常生活《にちじょうせいかつ》でふだん使っているものから、伝統《でんとう》や過去《かこ》の文化を考えることができる。現代《げんだい》までつくり伝えてきた、たくさんの人たちの英知と美のはざまで、時間や空間を超《こ》えて存在《そんざい》するものづくりへの強い思いを感じる。その思いを取りこみ、さらに自分でつくることで、未来の世界へと想像《そうぞう》が広がる。時空を超《こ》えて広がり旅する、ものづくりの大いなる楽しみを君に伝えること、伝える方法を考えることが、ぼくの仕事だ。

# I　ぼくの仕事場

## 1　ぼくの仕事場にあるもの

ぼくは大学で仕事をするようになってから小さな工房《こうぼう》を建てた。近所に住む人たちから、なにか呼《よ》び名《な》をつけたらと言われて考えた。なかなか良い考えが思《おも》い浮《う》かばず、最後に「T《ティ》の仕事場（Ts verkstad《ティースヴェルクスタッド》）」とスウェーデン語でつけた。T《ティ》には3つの意味があり、ぼくの名前の敏明《としあき》（Toshiaki）、この場所がある太平（Taihei）、そしてトムテ（Tomte）だ。トムテとは、北欧《ほくおう》で語り伝えられる小さな妖精《ようせい》のことだ。ぼくが寝《ね》ている間に、かれらが仕事をしてくれるといいなあ、なんて考えた。やはりかれらはまだ現《あらわ》れてくれない。それにまわりの人たちにはこの名前がぴんとこなかったのだろう。結局、「赤い工房《こうぼう》」と呼《よ》ばれるようになった。建物の木の壁《かべ》にスウェーデンでよく見られる赤色を塗《ぬ》ったのが印象的だったのだろう。

今、窓《まど》がふっと暗くなったので見上げると、窓《まど》の外から、ニホンカモシカが不思議そうな顔をしてぼくを覗《のぞ》きこんでいた。2頭で連れ立って歩いていて、2番目の小柄《こがら》なほうは子どもだろうか、二、三回ぼくを振《ふ》り返《かえ》りながら通《とお》り過《す》ぎた。

ここにはたくさんの動物がいる。忘《わす》れられないのは、なぜか黒いまゆげを描《えが》いたような顔の、やせたキツネ、5センチメートルほどの木の葉の裏《うら》に隠《かく》れてしまう黒くて小さなモグラのようなヒミズや、木の粉にまみれて仕事場の隅《すみ》にうずくまっていた大きめのヒキガエル。次々といろいろな動物に出会った。庭に生えているウメの種を、ぼくの材料置き場にたくわえこむ野ネズミ、のみをたたく金づちの音にあわせて、競うように、仕事場の壁《かべ》に穴《あな》をあける困《こま》った鳥たち。たくさんで連れだって来て、庭の草花や木をつつき、鳥にしては大きなふんを玄関《げんかん》に残していくキジも困《こま》り者《もの》だ。風通しの良い仕事場の片隅《かたすみ》に落ちていたヘビのぬけがらは、きっとどこからか入りこんで、ここで脱《ぬ》いだものだろう。

動物たちも親しげな森の中の「赤い工房《こうぼう》」。

それから仕事場に機械を入れた。一人では持ち上げられない大きくて重い機械だ。丸太を板にしたり、厚《あつ》い材料を曲線に切る帯《おび》のこ盤《ばん》。帯《おび》のこ盤《ばん》でつくった板を平らにし、厚《あつ》みをそろえる自動鉋盤《じどうかんなばん》や手押《てお》し鉋盤《かんなばん》。正確《せいかく》な角度で切れる昇降盤《しょうこうばん》。器やこけしづくりなどで見たことがあるかもしれない木工ろくろ。木くずを集める集塵機《しゅうじんき》などだ。集塵機《しゅうじんき》は掃除機《そうじき》と同じ役割《やくわり》だけど、とても大きくてホースの直径は10センチメートルもある。

木工機械はどれも大きくて重いけど、木材を切る、けずる、穴《あな》をあけるという単《たん》純《じゅん》で基本的《きほんてき》な仕事をする。ぼくは椅子《いす》や机《つくえ》、箱やおもちゃなど、いろいろなものをつくるので、ひとつの決まったものをつくる全自動の複雑《ふくざつ》な機械よりも、単純《たんじゅん》なもののほうが良い。基本的《きほんてき》な仕事をする機械や道具の組み合わせによって、さまざまな木の加工をこなすことができる。

ぼくの仕事場には、たぶん小学校や中学校で見ることができる、糸《いと》のこ盤《ばん》を大きくしたようなものもある。機械のほとんどは、地元の木工所などで使われていたもの

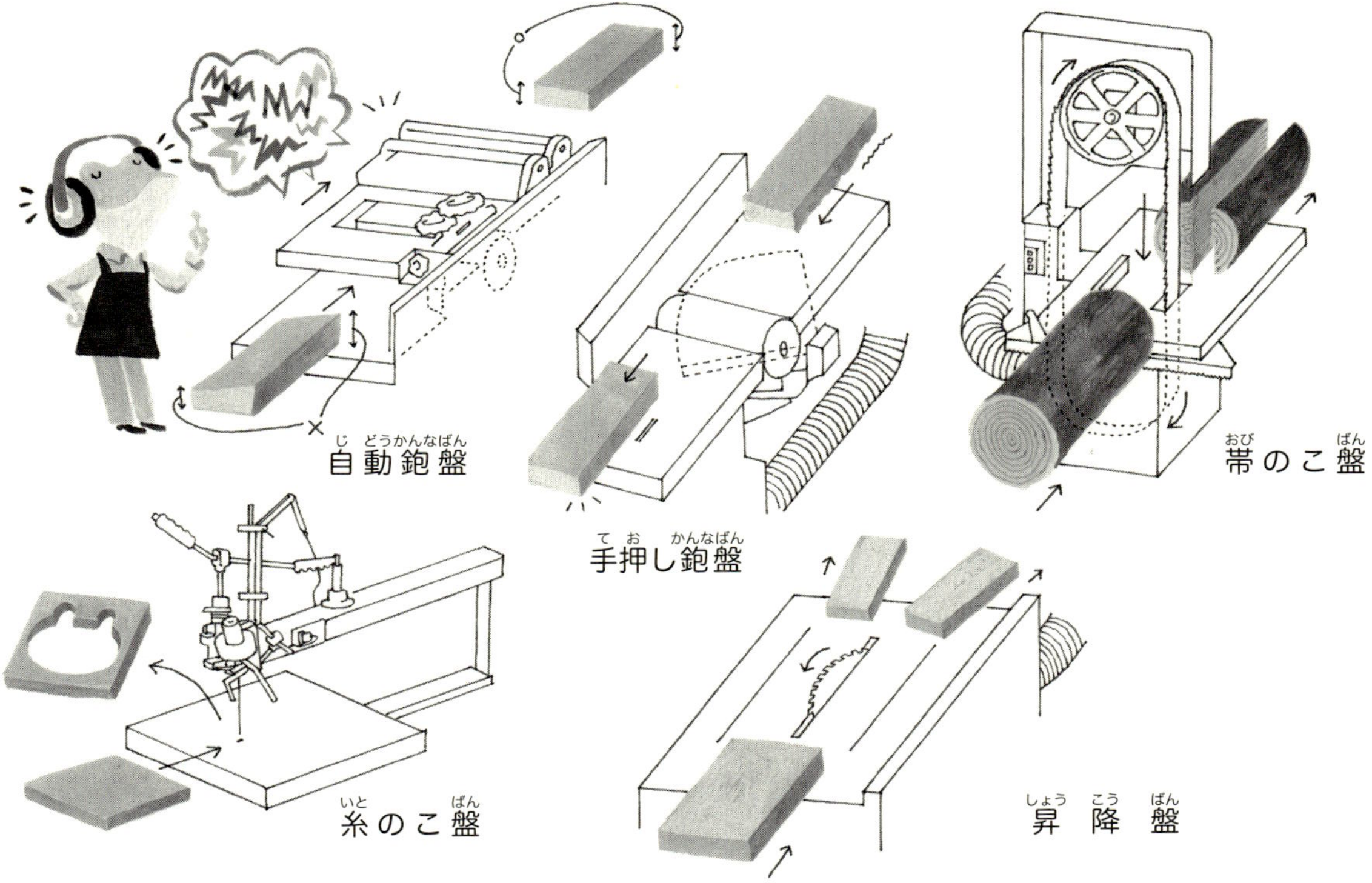
自《じ》動《どう》鉋《かんな》盤《ばん》
手《て》押《お》し鉋《かんな》盤《ばん》
帯《おび》のこ盤《ばん》
糸《いと》のこ盤《ばん》
昇《しょう》降《こう》盤《ばん》

仕事場の機械

だ。あちこちから、ひとつひとつ、ぼくの工房《こうぼう》に集まってきた。

木工機械たちは、これまでどのようなものを生み出してきたのだろうか。ぼくの所に来るまでに、すでに何十年も使われてきたはずだ。あちこちの塗装《とそう》ははげて、すれたり、傷《きず》がついたりしているが、機能《きのう》はまったく問題ない。しっかりできた機械たちは、ながめていて楽しい。そして長年使いこまれた機械は美しく感じられる。木工機械はとても長生きなのだ。じょうずに使えば、人の一生の二倍も三倍も生きる。ぼくが年老いて使えなくなった後も、またがだれかが使うことができるはずだ。ぼくはほんの少しの時間、かれらにつきあってもらっているだけだ。

基本的《きほんてき》な機械というのは、材料を機械に投げこめば完成というわけにはいかない。手仕事には、人の技術《ぎじゅつ》（わざ）があり、それによって出来上がるものの質《しつ》が決まる。一方で、機械は、だれがやっても同じようにできると思われるかもしれないが、じつはそうではない。基本的《きほんてき》な機械の場合、その調整方法と使い方で、仕上がりが異《こと》なってくる。全自動で動く機械ではないから、手で使う道具（手道具）と同じように、使い方がじょうずな人とへたな人の違《ちが》いが生まれる。機械の整備《せいび》にも技術《ぎじゅつ》（わざ）がある。そして人よりも強い動力がついているので、正しい使い方をしないと危険《きけん》だ。かんな、のみ、のこぎりといった手道具と同じように、木工機械も、素材《そざい》や製作方法《せいさくほうほう》や、機械そのものを理解《りかい》していないと使いこなせない。

ぼくの仕事場には、たくさんの機械があるが、本当は、ぼくが学んだスウェーデンの先生のように質素《しっそ》であるべきだと思う。先生の仕事場は思いのほか小さかった。仕事場にあわせた使いやすそうな工作台から大きな家具ができあがることに驚《おどろ》かされたものだ。仕事場は鏡のように、その人の生き方や考え方をうつしだす。スウェーデンの先生の生き方を見ていると、機械は少なければ少ないほど良いのではないかと思う。先生はどうしても必要な時しか機械を使わなかった。これはとても大切なことだ。手道具でつくることは、苦痛《くつう》ではなく楽しみなのだ。

しかし、楽しんでばかりもいられない。ぼくは学校の先生なので、学生たちの材料を準備《じゅんび》したり、重い丸太を板に製材《せいざい》したり、期限《きげん》のある仕事で、何日にもわたり、何十枚《まい》もの板に、かんなをかけなくてはならないこともある。ぼく一人では体力もつづかないし、手作業だと、大変な時間が必要になって、ほかの人に迷惑《めいわく》をかけてしまう。そこで機械の力を借りる。機械はぼくの大切な仲間になる。

ところが、機械を使っていると、なんでも機械でやろうとしてしまう。手でつくる楽しみを忘《わす》れ、早く楽につくることを望む。材料を前にして、機械がないからできないと言いだす学生がいた。何を学ぶべきかを忘《わす》れてしまうのだ。便利だから使う。早くできるから使う。そうして、本当に楽しい部分を機械にまかせてしまう。

早くものができれば良いのだろうか。いつも思い出すのは、外国の漁師《りょうし》さんと日本企業《きぎょう》の社員とのやりとりのお話だ。優秀《ゆうしゅう》な日本人が、効率《こうりつ》よく魚をとる機械を開発した。ひじょうに大がかりなもので高価《こうか》な機械だったが、

「この機械は、ボタンを押《お》すだけで、今までの半分の時間で倍の魚がとれます」と日本のセールスマンが外国の漁師《りょうし》さんに勧《すす》めるのだ。

「それはすばらしい！」と外国の漁師《りょうし》さんたちも納得《なっとく》する。しかし、ひとりの漁師《りょうし》

さんが、そのセールスマンに、「あまった半分の時間は何をすれば良いのか？」と聞いた。セールスマンは、そんなわかりきったことを聞くなと、なげやりに「あまった時間は何でも好きなことをしてください」と言う。漁師《りょうし》さんは「自分の仕事、魚釣《さかなつ》りが好きだ」とつぶやくと、セールスマンは「それなら釣《つ》りをしたらいい」と答える。釣《つ》りをする、仕事をする、ものをつくる、その時間が大切なのだ。急ぐのではなく、なまけるのでもなく、楽しんでつくりたい。早さではなくて、その時間を大切にすることが必要だ。ぼくも機械の力を借りるけれど、楽に早くできれば良いとは考えていない。

## 2　小さな仲間たち

これまで、ぼくの仕事場で目につく大きな機械の話をしたけれど、機械だけで、ものはできない。機械よりも、もっと小さな仲間、手道具と呼《よ》ばれるものが大切な役割《やくわり》を果たす。手道具には、ナイフ（小刀）、のこぎり、のみ、かんな、金づち、木づち、毛引きなどがある。ナイフやのみ、かんななどの刃物《はもの》を切れるようにしてくれる砥石《といし》も大切だ。

のこぎりは、28ページの図のように縦引《たてび》きと横引きのついた両刃《りょうば》のこぎり、うすい刃《は》で細かな作業に向いている背中《せなか》に補強《ほきょう》の入った胴付《どうつき》のこ、刃《は》がカーブしていて、平らな板の途中《とちゅう》から切れるあぜ引きのこ、最近では、縦引《たてび》きと横引きがひとつでできるのこぎりもある。のみは、幅《はば》と太さ（厚《あつ》み）が異《こと》なるものがたくさんあり、けずったり、穴《あな》をほったりするし、小さなものを切ったりする時にも使う。かんなもサイズと種類が異《こと》なるものがたくさんある。毛引きは、鉛筆《えんぴつ》や小さな刃物《はもの》がついていて、同じ間隔《かんかく》で筋《すじ》を引くのに使う。木材を加工するために使う道具は、切る、けずる、穴《あな》をあけるなどの役割《やくわり》を果たす。

単純《たんじゅん》な道具は、ひとつの役割《やくわり》だけではなく、さまざまに使うことができる。たとえばナイフ（小刀）は物を切るために使ったり、かんなと同じようにけずるために使うこともある。本当にたくさんある道具のなかでも、ナイフはもっとも基本的《きほんてき》な道具と言えるだろう。道具というものを使い始めた時代から、石器のナイフがあった。人の歯や爪《つめ》が退化《たいか》した原因《げんいん》をつくったともいわれるほど、ぼくらが生きる上で必要な道具として、狩猟《しゅりょう》、調理、建築《けんちく》、身を守るためなどに使われてきた。そんな基本的《きほんてき》な道具にも使い方や素材《そざい》の変化から、かたちの変化があらわれる。

工作に使われるナイフとして、日本には切り出し小刀があるが、見たことがあるだろうか？ 切り出し小刀は、やわらかい鉄とかたい鉄を2枚《まい》あわせてつくってある。刃《は》の片側《かたがわ》は平らになっている。切り出し小刀には幅《はば》が異《こと》なるものがいくつもある。ほかにも、次のページの図のように刃《は》が長く、狭《せま》くて長い部分をけずる「くりこ」や、スウェーデン式のスロイドナイフ、彫刻《ちょうこく》に利用されるカービングナイフなどがある。本当に愛着のある一本のナイフで木をけずり何かをつくることは、木工の最大の楽しみではないだろうか。

のみ、かんな、小刀などの手道具がそろえば、何でもつくれるぞと思う。手道具は

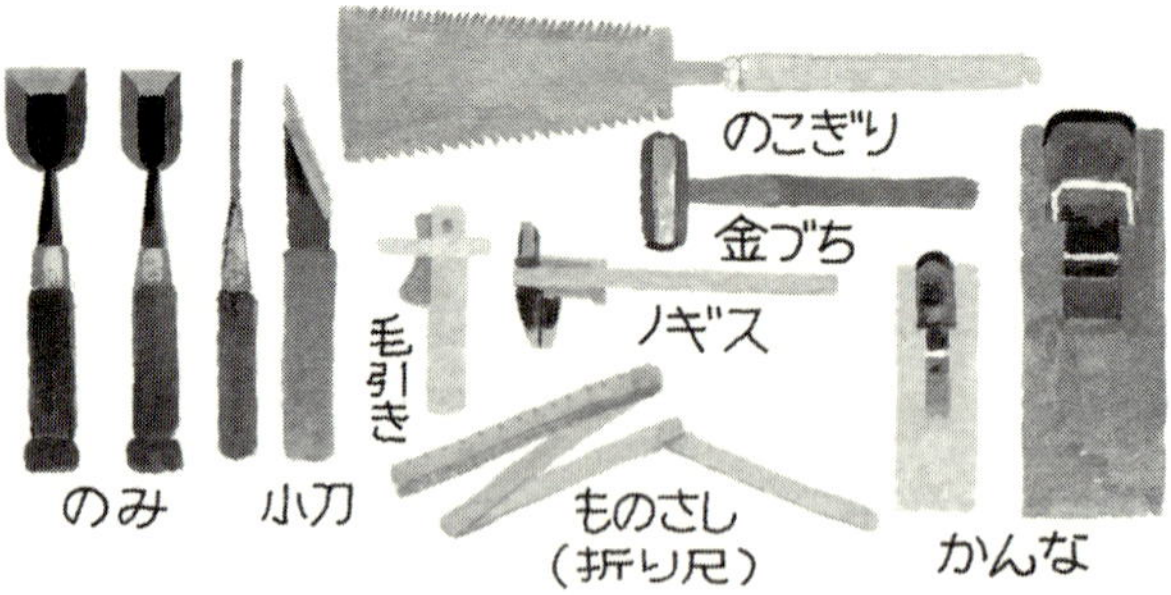

上からあぜ引きのこ、両刃《りょうば》のこぎり（上が縦《たて》引《び》き、下が横引き）、胴付《どうつき》のこ。

左からくりこ、2・3番目が切り出し小刀、4・5番目がカービングナイフ、右はしがスロイドナイフ。

使えば使うほどうまく使えるようになる。手道具もまた寿命《じゅみょう》が長い。手入れをして、研ぎながら使えば、ぼくらよりも長生きだ。ぼくが小学校の時、親から買ってもらったのみや小刀は今も現役《げんえき》だし、なくさなければ、孫の代まで使えるだろう。

## 3　木に学ぶ道具の使い方

木には繊維《せんい》がある。ふつう、地面から生えて、空に向かっていく方向に繊維《せんい》がのびる。はじめて木工をやるのなら、繊維《せんい》を意識《いしき》することはとても大切だ。しばらくすれば、すぐになれて、当たり前のことになってしまうけど。

繊維《せんい》は、木が生える方向にのびていると言ったけれど、その方向を縦《たて》といい、それに直角に交わる、つまり、木を伐《き》り倒《たお》す方向を横という。両刃《りょうば》のこぎりには、縦引《たてび》きと横引きという2種類の刃《は》がついていると言ったが、縦引《たてび》きは、繊維《せんい》と同じ方向を切るもので、横引きは、繊維《せんい》を横ぎる方向に切るときに使う。たいてい、同じのこぎりだったら、横引きの刃《は》が細かい。虫メガネでよく見ると、形も異《こと》なる。縦引《たてび》きの刃《は》は、まるで小さなかんながたくさんついているような刃《は》だし、横引きは、同じように小さなナイフがたくさんついているような刃《は》が並《なら》んでいる。

木には枝《えだ》が生えているし、曲がって育つこともあるので、板にすると、いつも繊維《せんい》が板の方向にまっすぐに通っているとは限《かぎ》らない。板の方向よりも繊維《せんい》が曲がっていたりするし、繊維《せんい》が板のはしを、出たり入ったり蛇行《だこう》しているものもある。

板の両側をなでてみると、つるっとする方向と、ざらっとする方向があるのに気づくだろう。ペットの動物をなでる時に、毛が生えている方向にそってなでるように、木材も繊維《せんい》にそってやさしくなでてあげよう。反対になでて、ぞわぞわっとなることを「逆目《さかめ》がたつ」という。

かんなを持っていたら、つるっとする方向に、板の両側をけずってみよう。逆目《さかめ》にならなければ、しゅるしゅると、気持ちよく、かんなくずが出てくるはずだ。

今度は板の表面を、木の繊維《せんい》と直角にけずってみよう。じゃりじゃりと、繊維《せんい》を引きちぎっている感じになるだろう。あまり気持ちはよくないかもしれない。一方、木の繊維《せんい》と直角にみぞをつけるのにナイフを使うと気持ちよくできるだろう。両刃《りょうば》のこぎりの横引きは、そんな仕組みで木をきれいに切ることができる道具だ。

日本ののこぎりは、スウェーデンの木工家たちに人気が高い。一般《いっぱん》に欧米《おうべい》ののこぎりは、押《お》して切るものが多いが、細かな細工をするのこぎりには、日本と同じように引いて切るものもある。刃《は》が片方《かたほう》にしかついていなくて、背《せ》の部分が補強《ほきょう》されているのこぎりを胴付《どうつき》のこというが、ヨーロッパでも似《に》たものが使われている。

両刃《りょうば》のこぎりは、両側に歯がついているから、背《せ》の部分に補強《ほきょう》を入れることはできない。だから、のこぎりが薄《うす》いと押《お》して使うのには不向きだ。ときどき、大学生たちに木工を教えていると、両刃《りょうば》のこぎりで、押《お》す時も切ろうとする人がいる。そうすると、両刃《りょうば》のこぎりの刃《は》は、べこべこと曲がってしまう。日本の両刃《りょうば》のこぎりは、リズミカルに、引くときだけ力を入れて使おう。

もちろん、ナイフやのみで木をけずったりする時も、繊維《せんい》のことを考えなくてはいけない。紙ヤスリや木工用のヤスリで木をけずる時も、繊維《せんい》を意識《いしき》してなでるように使うときれいに仕上がる。

# II　木の文化

## 1　材料の話

ぼくたちは、いろいろなものをつくりながら生きている。ものをつくるには材料が必要だ。たとえば料理するには、野菜を育てたり、魚を釣《つ》ってきたりする。毎日、食事は欠かせないから、ふつうは料理の材料をお店で買うだろう。

では、木材を材料として使うのはどんな時？　お父さんやお母さんが棚《たな》をつくったり、ふみ台をつくったりしたことがあれば、木材を材料として買いに行ったことがあったかもしれない。

でも、あまり家具をつくったりはしないかもしれないね。もっと小さいものはどうだろう。料理に使うまな板やバターナイフ、しゃもじなどは木でつくることができる。本当はひとつひとつのものに適《てき》した木材がある。でも、ふつうの人たちが木材を買おうとすると、ホームセンターではスギか外国からきた建築材《けんちくざい》しか目につかない。国産のそのほかの木がたまにあっても、値段《ねだん》が高かったりする。それに、同じ店には、ほかの国でつくられたものが安く売られているし、くさらないプラスティックでできたものは人気がある。木でつくる意味はあるのだろうか。

木材は、金属《きんぞく》やプラスティックと同じように、ものをつくるための素材《そざい》になる。木材は、自然のなかでつくられる素材《そざい》ということで「自然素材《しぜんそざい》」と言う。木材の良い点は、使ってしまうと地球上からなくなってしまって終わるような素材《そざい》ではないことだ。時間はかかるが、木の実から育てることができる。

古くから、人間は木と共に生き、長い時間をかけて、木々とつきあう方法を学んできた。木の実を食べる。道具や舟《ふね》をつくる。外国には良質《りょうしつ》な石を豊富《ほうふ》に切り出せる国もあるが、日本の場合は家を建てたり、橋をつくるのも、木が主な材料だった。さまざまな生活の部分に木々がかかわってきて、それぞれの加工の仕方や知識《ちしき》が蓄積《ちくせき》されてきた。木を使うことと、木を育てることがじょうずにつりあって、長い歴史のなかで、日常品《にちじょうひん》や家具、建物、美術品《びじゅつひん》など、多様な木の文化が形成された。木を育てる人たちと使う人たちが協力してつくりだしたものだ。木の文化は、日本の豊富《ほうふ》な種類の木にささえられた。雑木林《ぞうきばやし》には、さまざまな樹種《じゅしゅ》の木々が生え、人びとの生活を潤《うるお》わせてきた。ぼくらが呼吸《こきゅう》できるのも木々のおかげだ。木が育つ際《さい》には、二酸化《にさんか》炭素《たんそ》を吸収《きゅうしゅう》し、酸素《さんそ》を出しているし、人間が住み続けていける社会をつくるには、なくてはならない素材《そざい》だ。

産業がさかんになり、ますます多くの木材をまかなうために植林がすすめられた。花粉症《かふんしょう》に悩《なや》む人たちを増《ふ》やすほど、スギはたくさん植えられてきたが、一方で外国からは品質《ひんしつ》がそろっていて大量の安い木材が輸入《ゆにゅう》された。さらに、これまで使われてきた木材を使わずに、プラスティックなどほかの材料を利用することも多くなった。

山で木々の面倒《めんどう》をみてきた人たちも年をとった。職業《しょくぎょう》として成り立たなくなり、後をつぐ人たちがいなくなり、山が荒《あ》れてしまう。だんだんと、さまざまな種類の木材を手に入れることがむずかしくなった。日本は資源《しげん》が少ないと言うけれど、本当にそうなのだろうか？

ぼくの使っているまな板は、ほかの仕事で使った後に残った切《き》れ端《はし》だけど、日本のヒバという木でできている。ヒノキのように香《かお》りが良い。まな板は、つくったといばれるようなものではないかもしれない。表面をかんなでつるつるにして、角をおとしただけの板だ。使っていると真ん中がへってくる。かんなをかけると、また新品になるのが楽しい。大きさも自分で決めたのだから、ちょうど良い。

## 2　家具を見てみよう

家の中には、まな板のほかにも、木でつくられたものがたくさんある。テーブルやタンスなど、いろいろな家具のなかには、おそらく木材でできているものもあるだろう。みんな同じように木でできているように見えても、じつはつくり方に違《ちが》いがある。テーブルの板、本棚《ほんだな》の板、椅子《いす》の足を見てみよう。素材《そざい》のようすは、だいたい次のように分けられる。

①見たままの木材でできているもの。ムク材（無垢材《むくざい》）という。
②小さな積み木のような木の小片《しょうへん》が集められ、接着《せっちゃく》されて板になっていることが外から見てもわかるもの。集成材《しゅうせいざい》という。
③表面だけ薄《うす》い、きれいな木で、中は異《こと》なる木材がサンドイッチのように何枚《なんまい》も貼《は》り合わされてできているもの。机《つくえ》などでは、じょうずに貼《は》り合わされていて、外から見てもわからない場合もある。合板《ごうはん》という。（表面の薄《うす》い木の模様《もよう》が、木目《もくめ》を印刷した紙などの場合もある。）
④同じように表面は薄《うす》い木が貼《は》られているけれど、内部は枠組《わくぐ》みだけで空洞《くうどう》のものをフラッシュボードという。こつこつとたたいてみると、太鼓《たいこ》のように空洞《くうどう》がひびくし、もちあげると軽い。（表面の薄《うす》い木の模様《もよう》が、木目《もくめ》を印刷した紙などの

ブナのムク材でつくった机《つくえ》。

場合もある。)

一見、一枚《いちまい》の木でできているように見える家具も、ムク材と集成材《しゅうせいざい》、合板材《ごうはんざい》との違《ちが》いや、フラッシュボードの場合があるのだ。

①のムク材の家具には、手づくりのものが多い。木と木のつなぎ方を「木組み」というけれど、あとで述《の》べる理由から、この家具のつくり手たちは木組みを工夫している。じょうぶで長もちすることが特徴《とくちょう》で、こわれても直すことができる。難点《なんてん》は、重くなることだろう。それはかたちで改善《かいぜん》することができる。

②の集成材《しゅうせいざい》は、板が反ることや長さの変化が少ないことが魅力《みりょく》だ。また、多くの場合、ムク材よりも安い費用でできる。難点《なんてん》は、やはり重さだ。

③の合板《ごうはん》は、丸太を薄《うす》くむいてつくった板を、繊維《せんい》が直角に互《たが》い違《ちが》いになるように重ねて接着《せっちゃく》し板にしたものだ。断面《だんめん》は繊維《せんい》の方向が異《こと》なるのでサンドイッチのように見える。中心には表面よりも安い木材が使われる場合も多い。ムク材と同じように見えるが、反ったり、長さの変化が少ないことが利点だ。丸太をくるくるとむいて作ると、大きな面積を、一枚《いちまい》の連続した板のように見せることができる。変化が少ないので高級な家具にも使われており、木目《もくめ》をじょうずに合わせて貼《は》ってあると、まるでムク材のように見える。しかし、表に見える材料の厚《あつ》さは1ミリメートルもないこともある。だまされた気分になるかもしれない。家の床《ゆか》にも使われる。何かものを落としたりして傷《きず》がついたりすると、中から違《ちが》う素材《そざい》が見えたりする。

合板《ごうはん》は、もともと良質《りょうしつ》な木材が足りなかったり、高かったりしたため、考えだされたものであるが、繊維《せんい》を交互《こうご》に重ね合わせてあるため、木材の特質《とくしつ》であるのびたりちぢんだりする動きがなくなり、工業化の中で、品質《ひんしつ》にばらつきがない素材《そざい》として重宝《ちょうほう》された。木は薄《うす》くして曲げることができ、何枚《なんまい》も重ねて接着《せっちゃく》することで木を思うような形に固定できるので、ひとつの造形方法《ぞうけいほうほう》（かたちを作る方法）とも考えられている。しかし過去《かこ》には、貼《は》り合《あ》わせるために使用した接着剤《せっちゃくざい》の耐久性《たいきゅうせい》が悪かったり、人の健康に悪い影響《えいきょう》をあたえたりしてきた。

④のフラッシュボードは、木で骨組《ほねぐ》みがつくられて、両側に薄《うす》い板が貼《は》られたものだ。貼《は》られる板自体も合板《ごうはん》の場合が多い。中は空洞《くうどう》だから、軽くできる一方で、弱くなることもある。

ぼくの仕事場では、合板《ごうはん》を使うことはめったにないけれど、木材で曲面をつくる場合に合板《ごうはん》のような方法で材料をつくることもあるし、場合によってはフラッシュボードにする場合もある。しかし、たいていの場合、木材を板や角材にして、それを組み合わせてつくる。昔ながらの方法だ。

木でできたものの表面には、何かが塗《ぬ》られているので、外から見て中のようすを理《り》解《かい》するのは、さらにむずかしい。自然の素材《そざい》のままにしておけば良いのではないかと思うかもしれないけれど、木は、そのままにしておくと、長い年月の間に、水分がぬけるのといっしょに、油分もぬけてじょじょにかさかさとしてくる。木の種類によって、その変化の進み方は異《こと》なる。

それに表面が汚《よご》れると、拭《ふ》いてもおちなかったりするから、表面をさまざまな方法で保護《ほご》することが考えられてきた。たとえば、ミツバチの蜜《みつ》をとった後に巣に残るろうで、みつろうと呼《よ》ばれるものや、植物の種などをしぼってとる油やろうを表面に塗《ぬ》った。ほかにも虫のもつ成分からつくるものや、樹木《じゅもく》からとる漆《うるし》や樹脂《じゅし》、さらには化学的につくられた新しい素材《そざい》もある。どれが一番良いとは言えないが、人間の体に良くないものは困《こま》る。

表面に何かが塗《ぬ》られていると、色が変化して木の種類がわからなくなってしまうことも多い。保護《ほご》するだけでなくて、色をつける目的がある場合もある。見えなくなってしまっても、それらはただの「木」でできているのではなくて、名前を持った何かの木なのだ。まな板、へら、はし、バターナイフ、おわん、家具など、木でできているものは、いろいろある。

木でできているものを探《さが》してみよう。木の名前はわかるかな？　ぼくらの住んでいるところのまわりに生えているものはあるだろうか？　いろいろな種類の木の手ざわりや匂《にお》いを感じ、木の名前を知ることは、自然という相手を理解《りかい》する第一歩だろう。

今の答えをいうと、まな板は、水に強く、包丁の刃《は》をいためないような種類の木が良いのでヒノキ、ヒバ、ヤナギなどが選ばれる。バターナイフは、表面に何も塗《ぬ》らなくてよい。バターがその役割《やくわり》を果たしてくれる。サクラやカバなど繊維《せんい》が緻密《ちみつ》な木でつくると、使っているうちにぴかぴかになる。おわんやはしは、水に直接《ちょくせつ》ふれないように表面を塗装《とそう》してしまうことが多いので、外から見て何の木かわからないかもしれない。まるいおわんは、木工ろくろという道具を使い回転させながらけずるので、刃物《はもの》に負担《ふたん》がかからず、ねばりがあって割《わ》れない材料が良い。トチなど日本には適《てき》した素材《そざい》がたくさんある。さらに家具は千差万別だ。木の特徴《とくちょう》を知ったうえで、ブナ、カバ、ナラ、ケヤキ、サクラ、カエデなどいろいろな木材を使うことができる。

## 3　自然の素材《そざい》（ブナ、ナラ、トチ、スギ）

ぼくらの仕事は、「材料」と「つくりたいと思う人の気持ち」の間を、道具や機械による「技術《ぎじゅつ》」でつないですすめられる。仕事場には機械や道具があるけれど、本当の主役は材料となる木材だ。

仕事場にあるのは、ひとつの種類の木材ではない。倉庫にしまってあるものや、機械のそばへ積まれたり、立てかけられたりしている木材は、関心のない人から見れば、全部ただの「木」でいっしょかもしれないけど、いろいろな性格《せいかく》をもった木材がある。スギやマツ、クリやナラなど窓《まど》の向こうに見える雑《ぞう》木林《きばやし》に生えている木々と同じ種類のものもある。

ピクニックに行ったり山登りをしたりするとき、いろいろな樹木《じゅもく》の名前を知ることがあると思う。樹木《じゅもく》のある植物園や公園を歩くのは楽しい。すてきな花を咲《さ》かせたり、おいしい実がなったり、おもしろい葉っぱの形だったり、木々について名前といっしょに何かを知ると、とても身近に感じられるものだ。ぼくがいつも仕事でさわっている木は、丸太や板になったものだけれど、同じ種類の木々を前にすると、思わずふれて感謝《かんしゃ》したくなる。

木のことを知るには、木の名前や使いみちなどの説明がある植物園がおすすめだ。なれてきたら、図鑑《ずかん》をもって野山に出かけてみよう。自分の家の中にあった木工製品《もっこうせいひん》の樹種《じゅしゅ》がわかると、親しみがわいてくるにちがいない。

ぼくらが住んでいる町のまわりにも自然がある。身近に生えていて、ふだん気にかけないような「雑草《ざっそう》」と呼《よ》んでいる草にも、食べられるものや、布《ぬの》になるもの、さまざまな役に立つものがある。人間は、長い年月をかけてその利用方法を学んできた。

もちろん、ながめるだけでも、その美しさに心がなごむが、ある時は役立ち、ある時は困《こま》った存在《そんざい》であり、人間の健康をおびやかすような脅威《きょうい》となる。相手を知り、理解《りかい》することが必要だ。

自然の素材《そざい》というと、人間にやさしいとか良い印象があるけれど、木材のなかには、人間にとってちょっと具合の悪い性質《せいしつ》がある場合もある。たとえばヤスリでけずったり、のこぎりで切ったりすると、粉が飛んで目や鼻に悪さをする材料だってある。スギに似《に》たヒノキ科の「ネズコ」は、けずると独特《どくとく》な匂《にお》いがあり、油分がある細かい粉は吸《す》うと体に良くないらしい。外国の家具によく使われるチークという材料も似《に》たように細かいけずりかすが出てアレルギーをひきおこす。もっと身近なスギでも困《こま》ったことがある。皮のついたスギの間伐材《かんばつざい》（山林を手入れするために伐《き》った木）を部屋のなかで学生たちといっしょに切ったり、けずったりしていた時、ぼくは息ができなくなった。皮についた花粉で、花粉症《かふんしょう》になったのかもしれない。スギの香《かお》りは好きなのだが、その後、しばらくスギをあつかう製材所《せいざいしょ》に入るのがつらかった。

木々は、その姿《すがた》や葉の形などが異《こと》なるので、ぼくたちは一見して、スギの木だとか、ブナの木とかを知ることができる。それでは木材、たとえば板材にしたらどうだろうか？　やっぱり、生えているときの木々と同じように、それぞれ異《こと》なる表情《ひょうじょう》や性質《せいしつ》をもっているのだ。生えている木を観察するのと同じように、木にふれてみると、いろいろな性質《せいしつ》を知ることができる。その時に、生えているようすを思《おも》い浮《う》かべることも、材料をあつかう時の楽しみの一つになる。

これから、ブナ、ナラ、トチ、スギなど、日本の代表的な木材を取り上げてみたい。ぜひ、ながめたり、さわったり、ナイフでけずったり、それぞれの違《ちが》いを目や耳や鼻や手で感じて、木々との会話を楽しんでほしい。

①ブナ

白神山地《しらかみさんち》のブナ林はすばらしい。なかでもおすすめは、春の芽吹《めぶ》きの一瞬《いっしゅん》の季節とともに現《あらわ》れる木の葉の淡《あわ》い緑色だ。ブナ林のなかで新緑をすかして空を見上げてみ

新緑の芽吹《めぶ》きがすばらしい白神山地《しらかみさんち》のブナ林。

太いブナの木の幹《みき》。

る。明るい林の中で、この色を見ることができたら本当にラッキーだと思う。これを見られるのは短い期間で、すぐにしっかりとした濃《こ》い緑になってしまう。

20年以上前にこの土地に来たぼくは、すばらしいブナ材にたくさんふれることができた。板は30センチメートル以上の幅《はば》があり、一面均質《きんしつ》で、繊維《せんい》はまっすぐで、おだやかで、やさしい表情《ひょうじょう》をしていた。直径が1メートル以上あっただろう、それらブナの木が、山奥《やまおく》に生えていた情景《じょうけい》が目に浮《う》かぶだろうか。きびしい自然の中で育っているのに、とても明るく、温かな印象をわたしたちにあたえているブナの木を思うと、驚《おどろ》きに似《に》た気持ちになる。

ブナは、ほぼ日本中で見ることができるけれど、ヨーロッパでも、とてもなじみ深い木なのだ。スウェーデンにも生えている。スウェーデン語では「ブーク」と言う。声に出してみると、なんだか日本語に似《に》ている。スウェーデンでは、木へんに無、「橅」と書く。つまり木で「無し」だって、なんて失礼なと思う。漢字では、名前から察するに、どうも日本では、あまり使われてこなかったようだ。伐採《ばっさい》するには、山奥《やまおく》でありすぎたせいかもしれない。だが、ヨーロッパでは、ブナの木は、とても利用価値《りようかち》があるものとして考えられてきた。スウェーデンでは、300年ほど前の1700年代から、バターやミルクの保存容器《ほぞんようき》や、魚のニシンを入れる樽《たる》、焼酎《しょうちゅう》を入れる小さな樽《たる》などにブナが使われた。現代《げんだい》では、長い冬を家の中ですごす北欧《ほくおう》の明るい色合いの家具材として、とても重要な役割《やくわり》を果たしている。そして今では日本の家具にもよく使われている。

ブナは、材料としては使い物にならないので、山に生えているほうが、わたしたちの役に立つのだから伐《き》ってはいけないと書いてある本もある。ブナは生えている時には、その土地の保水《ほすい》をしたり、落ち葉や落ちた枝《えだ》などが養分を川や海に供給《きょうきゅう》もしたりして大変役に立つ。しかし、ブナの名誉《めいよ》のために言っておきたいが、ブナは材料になっても美しく、すばらしい。

なぜ木でないなどと言われてしまったかということをあらためて考えてみると、ケヤキやクリなどのように板材にした時に見られる木目《もくめ》が、ブナの場合、はっきりとしていないことがあるのではないだろうか。よく見ると、ナシの実の表面のように、小さな焦《こ》げ茶色《ちゃいろ》の点のようなものが一面に見られるが、木目《もくめ》ははっきりとせず、木材のうすいベージュ色が控《ひか》えめながら明るい印象をあたえる。明るく、素材《そざい》の印象が控《ひか》えめなので、北欧《ほくおう》の国ぐにの長い冬を共に過《す》ごすには最適《さいてき》の家具材になったのだろう。

木材の中心と周りでは色も性質《せいしつ》も異《こと》なる場合があり、中心を心材《しんざい》、周りを辺材《へんざい》と呼《よ》んでいる。心材《しんざい》は真ん中側にあり、辺材《へんざい》はその周りの樹皮《じゅひ》に近い部分をさす。多くの場合、心材《しんざい》を利用し、辺材《へんざい》を捨《す》てる。辺材《へんざい》がやわらかかったり、いたみやすかったりするからだ。ブナ材は心材《しんざい》と辺材《へんざい》で色や硬《かた》さの差がなく、樹皮《じゅひ》のすぐ内側から使える

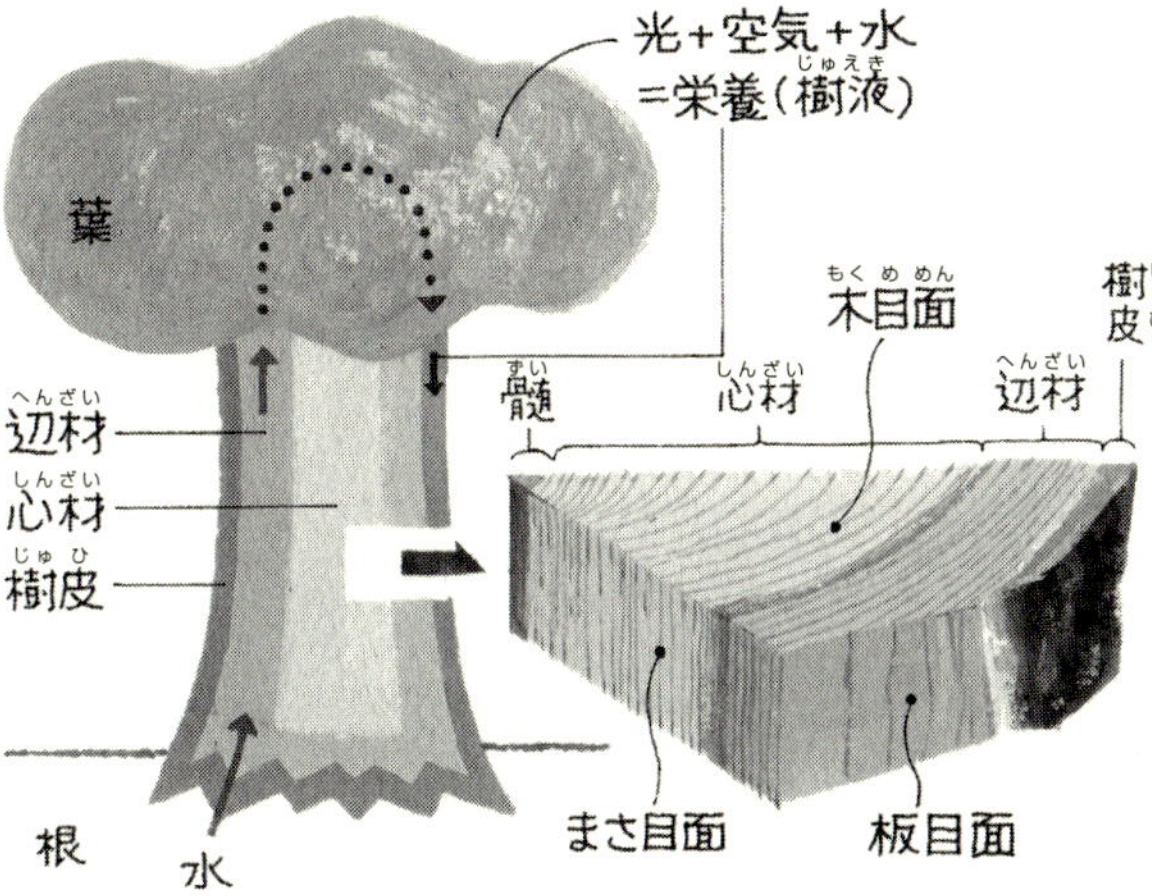


樹《き》の内部と断面《だんめん》。

が、時にほかの木の心材《しんざい》のような濃《こ》い褐《かっ》色《しょく》がかった部分が材料の真ん中あたりに出る。これをにせものの心材《しんざい》ということで、偽心材《ぎしんざい》と呼《よ》ぶ。偽心材《ぎしんざい》がなく、一様に明るい肌色《はだいろ》の幅広《はばひろ》のブナ材は美しいけれども、強い色味がでる偽心材《ぎしんざい》の変化をみるのもまたおもしろい。

ブナ材は、のこぎりやのみを使う時、ほんとうに硬《かた》くて大変ということはないが、その見た目から受ける印象ほど、やわらかいという部類でもない。特徴《とくちょう》は、蒸気《じょうき》などで曲げやすいということだ。蒸気《じょうき》で蒸《む》したり、お湯で煮《に》たりしたあとで、型にはめて固定し、しばらくそのままにしておく。材料が乾《かわ》き、数日後に型を外してみると、もどらずに止まっている。だから、椅子《いす》など木を曲げてつくる曲げ木の家具などに利用したり、北欧《ほくおう》では食器やトレーなどの器の材料になる。世界中で人間は、薄《うす》い木をまるく曲げて留《と》め、わっかにして片側《かたがわ》に底をつけることで器をつくることを思いついた。日本の各地にもあり、曲げわっぱと呼《よ》ばれたりする。日本では針葉樹《しんようじゅ》のスギ材がよく使われるが、北欧《ほくおう》の曲げわっぱには、ブナやカバなど広葉樹《こうようじゅ》が使われている。

ブナの小さな種を見てみよう。西洋の古代最大の帝国《ていこく》であったローマ帝国《ていこく》（紀元前5世紀頃《ごろ》〜紀元15世紀頃《ごろ》）の標準語《ひょうじゅんご》であったものの、今日では一般《いっぱん》に使われず、中世以来、学術《がくじゅつ》にのみ使われているラテン語で、ブナのことをファーガスという。意味は「食べる」ということだけど、ブナの木の実は人間が食べても、小さなクリの実のようでおいしい。クマが大好きな食料だ。生で食べられるのが特徴《とくちょう》で、消化も良い。だからクマのふんには、ブナの実は残っていない。長さ5ミリメートルほどしかない三角すい型の茶色の種が、高さ30メートル、直径1・5メートルの大きな立派《りっぱ》な

ブナの実を食べるクマと種（上）。

木に育つのだ。

## ② ナラ

ナラの木は、すてきな香《かお》りがする。そして硬《かた》い。これでテーブルをつくれば、しっかりとして、長い期間使用することができるものになるだろう。乾燥《かんそう》した材に小さな虫が穴《あな》をあける場合もあるが、硬《かた》いのだろう、ほかのやわらかい木の材料ほどひどくやられることはない。スギとナラを同じ場所に置いておいたら、スギを食べた虫が、ついでにそばにあったナラも食べた跡《あと》があった。しかし、スギは粉々になっていたが、ナラは傷《きず》がついたぐらいだった。ナラは硬《かた》いのだが、細かな細工をすると欠けやすいのが玉にきずかもしれない。繊維《せんい》にそってぽろっと欠けることがある。そして注意しなくてはいけないのは、ノミなどでけずった細かなけずりかすが目に入ると、とてもいたい。木材の色は灰色《はいいろ》だ。

ナラの木と葉と実。

## ③ トチ

トチの木は、黄土色がかった白という感じだ。色合いはナラより白く、触《さわ》ってみるとナラのように強い繊維《せんい》の方向は感じられない。この木は白いほうが良いとされている。辺材《へんざい》（50ページを見よう）は虫くいに注意しないといけない。乾燥《かんそう》する前に虫が入ると、菌《きん》が付着し、黒っぽいまだらを生じさせる。そうして水分がそこに残っているとくさってしまう。しかし、うまく乾燥《かんそう》させられれば、白い部分も爪《つめ》で押《お》してへこむほどやわらかくないし、ぼろぼろとくずれてしまうこともない。まだら模様《もよう》も見方によっては美しいので、これをわざわざ利用する人たちもいる。

トチの木の良いところは、ねばりのあるけずりやすさだ。木工ろくろという道具で材料をけずってみると、材料のすばらしさがわかる。シュルシュルとけずりかすがつながっていき、材料のはだが光って見えるときは、本当に楽しいものだ。

トチの木と葉と実。

④ 天《てん》杉《すぎ》

秋田は寒く、雪も深い。雪下ろしなど生活は大変だ。しかし木材を育てるということから考えると悪いことばかりではない。

木工ろくろでつくった作品。左のマグカップはトチの木、リンゴとボールは天杉《てんすぎ》、卵《たまご》はブナ、お盆《ぼん》と器はケヤキでできている。

きびしい自然の中でも木々は育つが、ぐんぐん大きくなれないから、年輪は細かくなる。そのため、きめが細かく、しまった良い材料になるのだ。たとえば深山で育った樹齢《じゅれい》200年以上のスギは「天杉《てんすぎ》」と呼《よ》ばれ、ぼくが昔から知っていたスギとはまったく異《こと》なっていた。

はじめて天杉《てんすぎ》を見て、のこぎりで切り、ナイフでけずったときのことは忘《わす》れられない。きめが細かく、スギとは思えない重さと硬《かた》さだ。スギの香《かお》りも強い。木を輪切りにして年輪を見ると、暖《あたた》かい時に育った部分と、寒い時に育った部分が交互《こうご》に重な

天杉製《てんすぎせい》のダイニング・テーブル。面は樹齢《じゅれい》200年の板1枚《まい》でできている。

り、お菓子《かし》のバウムクーヘンのように見える。明るい色、暗い色、明るい色、暗い色と同じ間隔《かんかく》で順番になっているのだ。ふつうのスギは、暗い所は硬《かた》く狭《せま》く、明るい所はやわらかく広い。丸太から板に製材《せいざい》しておくと、明るい部分がやせてしまう。へこんでしまうのだ。その後、かんなで真っ平らにした板も、しばらくすると水分がなくなって、さわると年輪ででこぼこだ。しかし、天杉《てんすぎ》はそうならない。とても目がつまっていて、かんなをかけると、いつまでもすべすべだ。

今では使《つか》い捨《す》ての刃《は》がついたのこぎりば

かりになってしまったが、昔はのこぎりの刃《は》が切れなくなると目立《めた》てをした。目立《めた》てとは、のこぎりの刃《は》のひとつひとつを研ぐ細かい仕事だ。目立《めた》てをしたばかりののこぎりで天杉《てんすぎ》を切ったら、節でもないのに、のこぎりの刃《は》が負けて、刃《は》がぼろぼろとこぼれていくのを見た時、これはスギではないと思った。

ある木こりさんが、

「深い山の中にある谷間の中で、ひっそりと育って来た天杉《てんすぎ》を見た時、育ちの良い娘《むすめ》さんを見たような気になる」

と語ったが、その娘《むすめ》さんはじつに強い娘《むすめ》さんなのだ。

## 4　木の香《かお》り（ナシ、リンゴ、ナラ）

木には、いろいろな香《かお》りがある。お風呂場《ふろば》や風呂《ふろ》の椅子《いす》には、ヒノキやヒバが使われることが多いので、木の香《かお》りを感じたことがあるかもしれない。新築《しんちく》の家に行くとスギの良い香《かお》りがする。

スウェーデンの学校では、かんなやのみを自分でつくったが、かんなの台をつくる時にナシの木を使った。かたく、狂《くる》わない材料だけど、けずるのが大変だった。匂《にお》いはとくにしなかった。秋田でも、同じように果樹《かじゅ》の木が利用できないかと思い、リンゴの木をいただいてきた。丸太から板材にして乾燥《かんそう》させ、かんなでけずり始めたのだが、まだ乾燥《かんそう》が充分《じゅうぶん》でなかったのだろうか、甘《あま》いというよりも、リンゴがくさったような匂《にお》いがして驚《おどろ》いた。それから10年以上たち、しばらくぶりに出してきてけずってみたら、リンゴの木はかすかな甘《あま》い香《かお》りがする、すてきな材料になっていた。

ぼくは、ナラの木をけずっている時のほのかに甘《あま》い香《かお》りが好きだ。ナラの木をオークと言うが、なぜお酒をオークの樽《たる》に入れて貯蔵《ちょぞう》するのか理解《りかい》できる。先に書いたネズコや、チークという材料の香《かお》りもぼくは嫌《きら》いでない。少し強いが甘《あま》い香《かお》りがする。お酒を貯蔵《ちょぞう》する気にはなれないが。

のこぎりで挽《ひ》いたり、ナイフでけずったりする時に広がる香《かお》りも、木工の楽しみだ。けずったあとのサクラの木くずを集めて火にくべると、薫製《くんせい》をつくってみたいと思うような、良い香《かお》りがする。ところがカバの木は、触《ふ》れた感じはサクラに近いのに、その匂《にお》いは、あまり良いとは言えないのだ。木の香《かお》りは、ほんとうにひとつひとつ違《ちが》っていて、おもしろい。

## 5　木と人の暮《く》らし

人の住む集落に近い場所にある山林を里山《さとやま》と呼《よ》ぶ。縄文《じょうもん》時代から、人は、クリやウルシを植えて育てていたらしい。里山《さとやま》にはさまざまな種類の木が育っている。自然に無理をかけずに木材を伐《き》り出すことで、また新たに木が育ち、さまざまな用途《ようと》に利用させてもらうことができる。木は再生産《さいせいさん》できる資源《しげん》であり、日本は豊富《ほうふ》な木の資源《しげん》をもっている。育てることと、使うことのバランスが大切なのはもちろんだが、たくさん使うから、たくさんつくればよいというわけではない。全体のバランスが大切になる。

たとえば、建築《けんちく》に利用できて早く育つスギがもうかるからと、たくさん植えて花粉《かふん》症《しょう》の人がふえたり、広葉樹《こうようじゅ》をどんどん減《へ》らしてしまって、野生の動物たちの食料が少なくなり、畑や人びとの生活に被害《ひがい》が出たりする。

しばしば、山になれていない人たちが、山菜を根こそぎとっていくことが問題になるが、そんなふうに木を伐採《ばっさい》することはおろかなことだろう。自然の神様にしかられないように、節度をもって感謝《かんしゃ》して使わせてもらうことが大切だ。

# Ⅲ　木は生きている

木は、やさしかったり、てごわかったり、あたたかだったり、冷たかったり、やわらかかったり、かたかったり、曲がりやすかったり、折れやすかったり、けずりやすかったり、けずりにくかったり、割《わ》りやすかったり、ねばり強かったり、黒かったり、白かったり、肌色《はだいろ》だったり、赤っぽかったり、緑っぽかったりと、いろいろな性《せい》質《しつ》がある。

さらに、すてきな香《かお》りがしたり、きつい匂《にお》いがしたり、つやがあったり、なめらかだったり、がさがさしてたり、ほこほこしてたり、もようがあったり、軽かったり、重かったり。いろいろに感じられる。本当にたくさんの性質《せいしつ》があるところは、まるで人間みたいだ。同じ木と言われるものなのに、種類が違《ちが》うとまったく正反対に感じられる性質《せいしつ》もある。

さまざまな木材の性質《せいしつ》は、ぼくらにとって、どれが良く、どれが欠点だろう。違《ちが》う種類の木を比《くら》べて、どちらが優《すぐ》れているか言うことはできない。人間にとって、どの木が悪くて、どの木が良いなどということはない。木のいろいろな性質《せいしつ》は、みんな使い方によって長所となる。使い方しだいで、ぼくらの役に立つし、使い方を間違《まちが》えれば、それぞれの性質《せいしつ》が欠点になってしまう。だから、よく相手を知り、考えなければならない。

少し相手の性質《せいしつ》を理解《りかい》すると、木でものをつくる時に、失敗しないで進めることができるようになる。うまくいくと、まるで木がこうしてほしいと言っているのがわかるような気がして、とてもうれしい。じょうずにものをつくりたいと思ったら、どんな相手を選ぶかが、とても大切だ。

相手を選ぶには、相手を知り、使う場所を考えなくてはならない。けずりやすいことは長所となる一方で、そのやわらかさが短所となるかもしれない。かたさは、あつかいづらくもあるが、使う場所によっては、それが利点だ。でも、かたくてよいと思っても、使う場所によっては、もろすぎる木材もある。いろいろな木材が適材適所《てきざいてきしょ》に利用されると、ぼくらはもっと自由にものづくりができるようになれるし、木材と仲良くなれる。

## 1　木材は生きている

いろいろなものをつくるには、いろいろな木材を準備《じゅんび》しなくてはならない。しかし、製材所《せいざいしょ》で買っても、知り合いの人から丸太をもらっても、すぐに使えるわけではない。

ムク材を使うには、木材の乾燥《かんそう》が大切だ。乾燥《かんそう》していないと、材料を寸法通《すんぽうどお》りに切ったつもりでも、製作《せいさく》しているうちにのびたりちぢんだりしてしまうのだ。

きちんと乾燥《かんそう》したはずの木でも、天候の変化にともない、ふくんでいる水分の量が変化して、のびたりちぢんだり変化している。これを木工をする人たちは「材料（木）

が動く」「木が生きている」とか「木が呼吸《こきゅう》している」とか言う。なかでも大変なのは、せっかく平面にしたと思っても、次の日は、ぺこんと反ってしまうことだ。ひねったように反ることもある。これを「木があばれる」と言ったりする。木工をする人たちが「材料（木）が動く」と言っても、木がひとりで歩いていくわけではない。

つくるものによっては、木の組み方によって、こういう変化をおさえることができる。お皿や、器のように、まるごとけずりだす場合は、曲がってしまったら、どうしようもない。だから、器をけずるときには、大まかにけずっておいて、しばらく置いておいて、それからまたけずり、変化がないことを確認《かくにん》してから仕上げにかかる。ここまでやっても、つくった場所と違《ちが》う場所へ運んだりすると、変化してしまうことがある。

本当は、つくられた場所で使われることがもっとも良いのだ。その土地で生まれたものを、その土地で利用するという地産《ちさん》地消《ちしょう》は、木材にもあてはまる。食べ物から木の器やスプーン、一本のひもなどにいたるまで、ぼくらは、生活に必要なものたちを、地球上で育ち生まれてくる素材《そざい》からつくり出してきたけれど、今では、どこで、どのようにつくられたのか、勉強しないとわからないものも多い。わからないのは、身近でつくられていないからだろう。これを「ものづくりのブラックボックス化」と呼《よ》んだりしている。

完成してからも、置かれた場所の空気の湿度《しつど》や温度の影響《えいきょう》で、材料によっては幅《はば》や厚《あつ》みなどが、のびたりちぢんだりする。デパートや美術館《びじゅつかん》などに展示《てんじ》すると、照明の熱や空調設備《くうちょうせつび》のせいで乾燥《かんそう》してちぢむ。日本海側から太平洋側、あるいは太平洋側から日本海側に移動《いどう》させても変化する。

木でつくったものが動いても、使う上で不便のないように、組み立て方（木組みと呼《よ》ぶ）を考えたり、乾燥方法《かんそうほうほう》を工夫したりしなくてはならない。ぼくは、ムク材でできた家具がデパートや美術館《びじゅつかん》にあると、つい、その変化を見てしまう。どうやら有名な作家のつくったものでも無事にはすまされないことが多い。

山や街に生えている時は「木」「樹《き》」と呼《よ》び、伐《き》り倒《たお》して材料になると「木材」と呼《よ》ぶ。でも、木で何かをつくっている人たちは、材料になったからといって、木材が死んでいるとは思っていない。けずったり、切ったりしながらも、木が生きているのを感じている。木工家も大工さんも、木材をあつかう人びとは、「木は切ったあとも生きている」と言う。自然の素材《そざい》は、それ自体が命を持っているということができるだろう。本当に木が死んだと思うときは、木ではなくなったときだ。それは自然に朽《く》ち果《は》てたり、燃《も》えてしまったりした時だ。

命を持っている素材《そざい》をあつかうには、相手を理解《りかい》しようとしなくてはいけない。たとえば素材《そざい》になる前の木が、どのような育ち方をしたのかを知ることも大切だ。木々は、種類によっても性質《せいしつ》が異《こと》なるが、同じ種類の木でも、育った場所によって性質《せいしつ》が変わる。その違《ちが》いは、もちろん寒い場所か暖《あたた》かい場所かでも異《こと》なるが、同じ山でも北側か南側かによっても異《こと》なる。大工さんは、北側で生えた木を家の北側に使い、南側で生えた木を家の南側に使う。木材が環境《かんきょう》になじんで、あばれないようにするためだ。育った場所と同じような環境《かんきょう》で使えば、材料の変化が少なくなる。

木材として利用できる木が育つまで200年以上もかかる場合もある。木工家の合言葉に、「200年育ってきた木材を利用する時は、200年もつものをつくる」というのがある。ぼくらが生まれる前から育っていた木材を利用し、ぼくらがいなくなってからも、つくったものが生き続ける。こう考えると真剣《しんけん》につくらざるをえない。

木材がのびたりちぢんだりしないようにするために、木材に固まってしまう液体《えきたい》をしみこませる方法もある。塗料《とりょう》のようだが、表面だけではなく、木材にしみこんでいって固まるので、かんたんには木が動かなくなるし、表面の保護《ほご》も可能《かのう》だ。真空にしてもっと奥《おく》まで木材にしみこませる方法もある。しかし、こうすると木材らしい手ざわりがなくなり、冷たくなるのが難点《なんてん》だ。なにか力ずくで木を黙《だま》らせてしまったような感じがして心が痛《いた》む。

塗装《とそう》もまた、外からの影響《えいきょう》を少なくすることから、木材の変化をある程度《ていど》止めることができる。素材《そざい》の感じがわかる塗装《とそう》は、化粧《けしょう》するような感じだろう。

## 2　素材《そざい》をつくる

板や柱のような材料や、机《つくえ》や椅子《いす》になったあとも、木が生きていると感じるのは、木が「動く」からだ。こういう木の「動き」は、木でものを作る人たちをとても悩《なや》ませる。とくに、日本のように湿度《しつど》が高く、四季の移《うつ》り変《か》わりがはっきりとしている土地は大変だ。

木の変化とつきあう方法は、二つある。一つは、動くことを前提《ぜんてい》に、ものをつくっていこうという考え方。そうしてもう一つは、動かなくしてしまおうという考え方。古くから日本では、木材工芸のなかで、前の方法を採用《さいよう》してきた。たとえば、板は反るし、ちぢむ。それらをうまくあつかう方法を考えてきた。ぼくは、この方法が大好きだ。

机《つくえ》のように広い面が必要な場合、大きな一枚《いちまい》の板や、板を何枚《なんまい》もならべてつないで使う。それをなるべく平らなままでいるように、裏側《うらがわ》に木をあてる。ここで釘《くぎ》やね

左の座卓《ざたく》の裏側《うらがわ》には、２本の棒《ぼう》を「ありほぞ加工」で取りつけてある（右）。板が反るのを防《ふせ》ぐためのくふうだ。

じや接着剤《せっちゃくざい》を使ってとめるのではなく、上の写真のようなありほぞという加工をして、少しきついぐらいで差《さ》しこむのだ。季節によって、動いているだろうけれども、まったく問題ない。

科学の進歩のなかで、ぼくらの生活や社会は便利になり豊《ゆた》かになった。工業では、一度にたくさん同じものをつくる。それによってより安価《あんか》に、多くの人に利用してもらうものができる。

ほかよりも品質《ひんしつ》がよく、安くつくることは販売競《はんばいきょう》争《そう》に勝つために重要だ。そのためには、同じ品質《ひんしつ》の素《そ》材《ざい》がたくさん必要になる。木は、同じ樹種《じゅしゅ》でも、育ち方でみな違《ちが》うから、それを均質《きんしつ》な素材《そざい》にしようという考えが生まれる。よく使われる方法は、さきに見たように、うすく木をはいで、それらを交互《こうご》に接着《せっちゃく》する合板《ごうはん》と、木材を樹脂《じゅし》でかためてしまう方法だ。これらのおかげで、木の主張《しゅちょう》を無視《むし》して、さまざまなものをつくることが可能《かのう》になった。でも残念なことに、接着材《せっちゃくざい》は長持ちせず、ほんの20年前につくられた机《つくえ》や棚《たな》に利用された合板《ごうはん》が、ぼろぼろにくさって捨《す》てられている。

確《たし》かに「木に動かれる」と困《こま》る。しかし、人の手によって、都合の良いように木の性質《せいしつ》を変えることが必要なのだろうか。わたしたちが、木について理解《りかい》していないだけではないのか。人間にとって都合の悪い性質《せいしつ》を、さまざまな方法で変えてしまうことは、身勝手なことなのではないかと感じてしまう。

製材《せいざい》したばかりのブナ材は、よく動く。それは、生えているブナの幹《みき》に、聴診器《ちょうしんき》をあてれば、流れる水の音を聞くことができるということとも無関係ではないだろう。ブナ材は水の流れが聞こえるほど、水分をふくんでいる。だから、伐採《ばっさい》し乾燥《かんそう》させる。乾燥《かんそう》させる方法は、自然に乾燥《かんそう》させる天然乾燥《てんねんかんそう》（天乾《てんかん》）と、乾燥庫《かんそうこ》に入れる

ブナの幹《みき》に聴診器《ちょうしんき》をあてると、
流れる水音が聞こえる。

人工乾燥《じんこうかんそう》（人乾《じんかん》）がある。木材の色合いを大切にするには天乾《てんかん》が良いとか、乾《かん》燥後《そうご》の木材の狂《くる》いを止めるには人乾《じんかん》が良いとか言われる。人乾《じんかん》すると、木につく虫もいっしょに処理《しょり》できるので、乾《かん》燥中《そうちゅう》に大切な部分を食べられてしまう危険《きけん》も減《へ》る。ただし人乾《じんかん》をきちんとやるには、しっかりした設備《せつび》と知識《ちしき》が必要になるため、個人《こじん》でやるのはかなりむずかしいのが難点《なんてん》だ。アメリカの木工雑誌《もっこうざっし》を読んでいたら、自分で人工の乾燥庫《かんそうこ》をつくっていた人がいた。人乾《じんかん》して乾燥《かんそう》させた材料をすぐに使ったら、大きく動かれたことがある。やっぱり時間をかけることが大切だ。

ぼくは、いろいろな種類の木材を使っている。なぜ、ひとつの種類の木材ではないのか？　それは、スウェーデンの木工作品を見たことに始まる。それらは生活に使用されるものであるが、さまざまな木材の持ち味をじょうずに生かしたものたちは、芸《げい》術品《じゅつひん》と同じように美しかった。スウェーデンの木工は、素材《そざい》の持ち味を生かしていると感じた。次章では、ぼくがスウェーデンで学んだ、木を使ったものづくりの世界を紹介《しょうかい》しよう。

つくってみよう①

# ジグザグボックス

## 用意するもの

（ア）8cm 角の板２枚《まい》

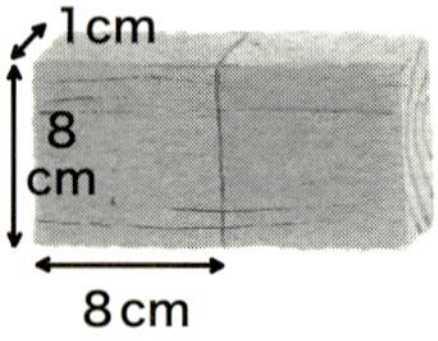


（イ）12cm 角の板２枚《まい》

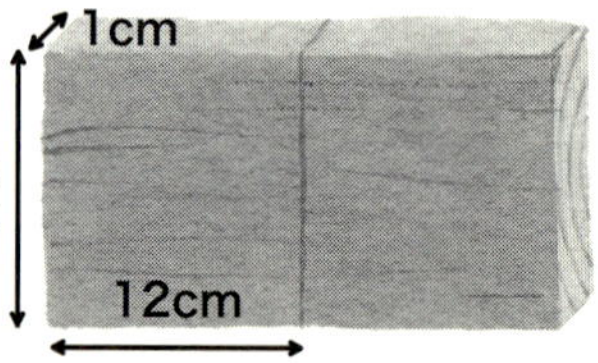

のこぎりで
切っておこう

（ウ）10cm 角の板４枚《まい》

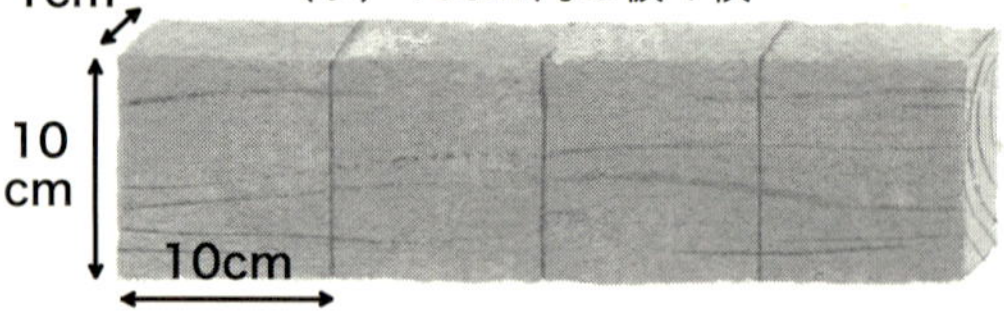

木工用ボンド

❶アの板と、イの板の中心を合わせて、木工用ボンドで貼《は》り合わせよう。

同じものを
２つつくろう

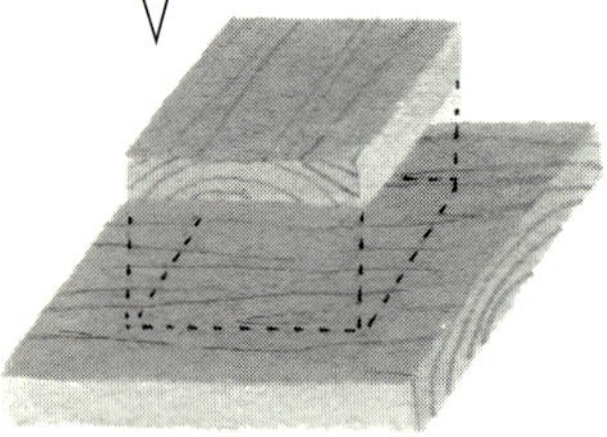

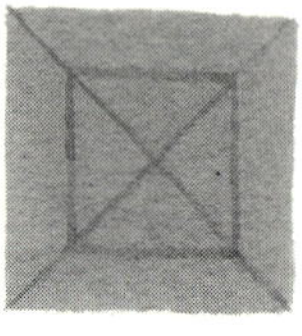

それぞれの板に
対角線をひいて
こんなふうに
重ね合わせれば
中心が合うよ

❷ウの板を４枚《まい》とも
たがいちがいに
カットしよう。
それらをジグザグに
組み合わせて接着《せっちゃく》しよう。



切る前に必ず、木表《きおもて》と木裏《きうら》を確《たし》かめよう。木表なら木表、木裏なら木裏が、ボックスの外側になるようにそろえておけば見た目もきれいだし、ゆがむことも少ないよ

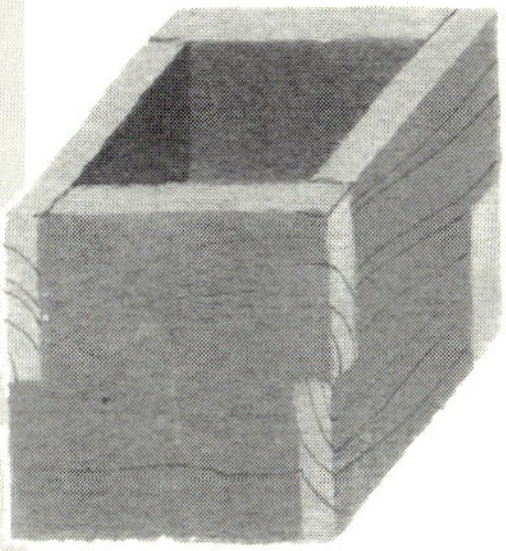
４枚《まい》とも
カットできたら
組み合わせて
接着《せっちゃく》するんだ


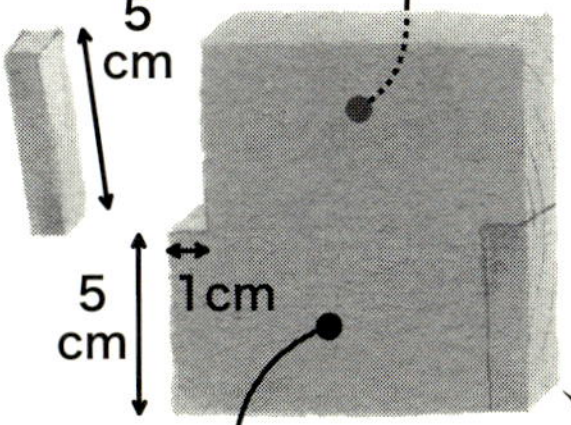
木表《きおもて》（木の樹皮《じゅひ》に近いほう）
木裏《きうら》（木の中心に近いほう）
年輪の向きを見ればわかるよ


❸　①と②を
組み合わせて、
底の部分を
貼《は》り付けよう。

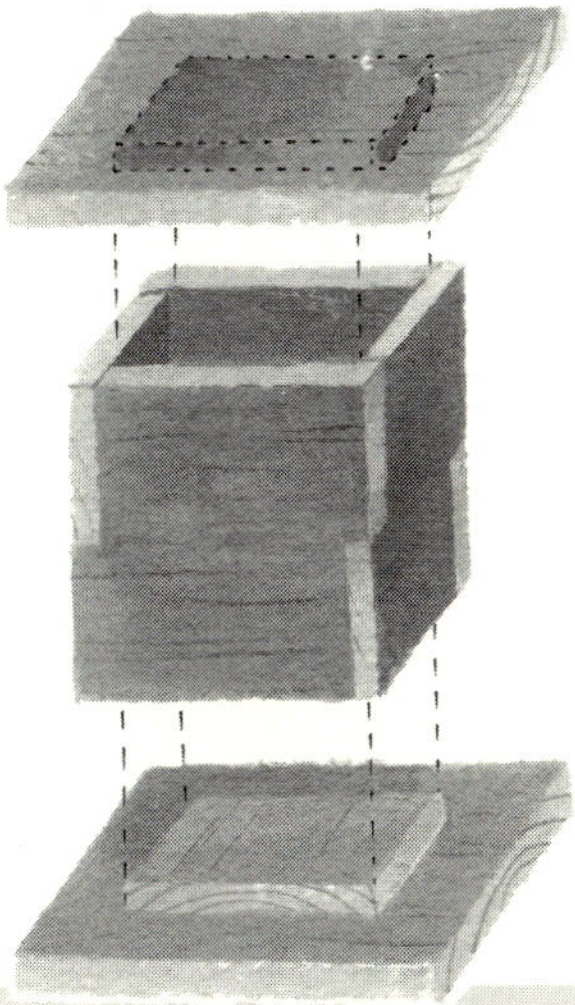

紙ヤスリなどを使って、板の角の部分を少しけずると手ざわりがよくなるよ。これを面取《めんと》りというんだ

# Ⅳ　北欧《ほくおう》に学ぶ

## 1　スウェーデンの工芸にひかれて

１９７０年代に大学で木材工芸を学んでいたぼくは、はじめて北欧《ほくおう》の家具や生活に使うさまざまな道具と出会った。最近は、たくさんの本や雑誌《ざっし》でも知ることができる北欧《ほくおう》の家具も、学生のころのぼくには、ひじょうに高価《こうか》で見る機会も限《かぎ》られていた。手づくりのものとなると、なおさらだった。それでも北欧《ほくおう》の家具や生活用品は、遠い国でつくられたものなのに、ぼくにもとても身近で、そのまま受け入れていくことができるものに感じられた。ぼくには、買うこともできないような高価《こうか》なものであったけど、決してよそよそしさはなかった。楽しくぼくらの生活をささえてくれそうなものたちだったのだ。

北欧《ほくおう》でつくられたものは、北欧《ほくおう》デザイン（スカンジナビアデザイン）と呼《よ》ばれ、どこか共通した感じ、ぼくをひきつける「何か」があった。車やカメラ、家具や調理器具にいたるまで、なぜかわからないけれども、つくった人たちに同じようなこころが感じられるのだ。

ぼくが興味《きょうみ》をもったのは、なぜ、北欧《ほくおう》らしさとか、日本らしさがものの形にあらわれるのだろうかということと、どうしたら、北欧《ほくおう》らしさをもったものをつくることができるようになるのかということだ。北欧《ほくおう》の家具やさまざまな生活用品が、どうして、そんな形になるのか。ぼくは、なぜそれらをすてきだと感じるのか。そもそも良い形とは何だろうという疑問《ぎもん》だった。

ものをつくるには、知識《ちしき》と技術《ぎじゅつ》が必要だ。しかし、製作技術《せいさくぎじゅつ》があればできるとい

北欧《ほくおう》デザインの家具。

うものではないようだ。それだけでは良い形は生まれない。「同じように」つくるにはどうしたら良いのかということとは、「同じものを」つくるのにどうしたら良いのかということとは違《ちが》う。そして、ぼくをひきつける何かを、仮《かり》に制作者《せいさくしゃ》の「こころ」と言うならば、かれらに共通する「こころ」は、北欧《ほくおう》の社会や教育によるものではないかと考えた。

北欧《ほくおう》デザインと一言で言っても、デンマーク、フィンランド、ノルウェー、スウェーデンでは少しずつ異《こと》なる。当時のぼくは、その理由はわからなかったけれど、それを学ぶためには、四季を通じて、かれらの生活しているようすを体験することが必要だと感じた。ぼくは、最も感覚的にひかれたスウェーデンを選んだ。

スウェーデンの空気を吸《す》って、水を飲んで、ご飯を食べて、スウェーデン語を話し、友だちになる。ぼくは、スウェーデンのみんながふつうにしていることを、スウェーデンでやってみたいと思った。ものをつくる人びとは、スウェーデンでどのような暮《く》らしをしているのか。そして、ぼくも同じようにつくることができるのだろうか。同じようにすてきなものをつくる能力《のうりょく》をつける方法を見つけるには、どうやら北欧《ほくおう》に行ってみるしかない。

## 2　スウェーデンの第一歩、アーランダ国際空港《こくさいくうこう》

1984年、夏の日の朝。ぼくは、スウェーデンのアーランダ国際空港《こくさいくうこう》に立っていた。8月とはいえ、空気は乾燥《かんそう》し、暑くもなく、そして、とても静かだ。早朝ということもあるだろうが、それにしても、ここは国際空港《こくさいくうこう》だというのに人が少ない。

アーランダ空港というのは、スウェーデンの首都ストックホルムから少し離《はな》れたところにある国際空港《こくさいくうこう》だ。飛行機で外国からスウェーデンに入ると、みんなここを通過《つうか》することになる。「少し離《はな》れた」というのは、東京駅と成田空港が離《はな》れているようなものと思ってもらっていい。ぼくは、成田空港から飛行機でアラスカのアンカレッジを経由《けいゆ》して、そこからデンマークの首都コペンハーゲンへ行き、少し小さなジェット

飛行機に乗《の》り換《か》えて、合計14時間以上も飛行機に乗って、ようやくストックホルムに来た。

デンマークとスウェーデンの人たちは、国が違《ちが》っても自由に往来《おうらい》できる。乗《の》り換《か》えた飛行機の乗客のほとんどがビジネスマンで、フリーパスで通《とお》り過《す》ぎたけれど、ぼくは、税関《ぜいかん》で、ひとりスーツケースを開いて荷物の検査《けんさ》を受ける。日本で学んでいたスウェーデン語で、手荷物にあった日本酒がお米でできていることとか、これから何をしたいのかとかを一生懸命《いっしょうけんめい》、荷物検査《にもつけんさ》をする2人のスウェーデン人税関員《ぜいかんいん》に話した。はじめて練習ではなくてスウェーデン語で聞かれたことに答えるという実践《じっせん》をしたわけだ。日本酒以外にも、スーツケースにはどうしても船便で送りたくなかった日本の小刀、のみやかんなが入っていたから大変だった。スーツケースにたくさんの刃《は》物《もの》が入っていたのが珍《めずら》しかったのだろう。ぼくは、かれらがものすごく興味《きょうみ》をもってくれているのを感じた。最後は、かんなの使い方など、質問《しつもん》の内容《ないよう》は木工の話ばかりとなり、税関《ぜいかん》の人の質問《しつもん》ではないのではないか?と思ったぐらいだ。ぼくはできるかぎり説明した。

かれらは、終始にこやかに楽しそうに聞いてくれた。ものをつくることが大すきな仲間という感じだ。この国は期待できると感じる。これ以上話すことはないぞというぐらいがんばって説明した。ぼくは空港の税関《ぜいかん》で1時間あまり話をしたのだ。かれらは満足してくれたようで、スーツケースを閉《し》めて「幸運を祈《いの》る」という声をかけてくれた。「さよなら」を言って、ぼくは出口へと進む。扉《とびら》があいて、外に出たときに、一陣《いちじん》の涼《すず》しい風が吹《ふ》いたことを、いまでも思い出す。スウェーデン国内に入ったという実感をもった一瞬《いっしゅん》だ。

空港インフォメーションの小さなボックスには、ブロンドの髪《かみ》をした本当に美しいお姉さんが一人で座《すわ》っていた。ぼくは、飛行機を降《お》りると、ストックホルム駅はこちらという表示《ひょうじ》があるとばかり思っていたが、どうやら近くではなさそうだ。行き方がわからないので、少し迷《まよ》いながらも、ほかに良い方法が見つからないので、お姉さんに話しかけた。話しかけようとしたら、スウェーデン語が出てこない。頭の中が真っ

ぼくの重いスーツケースを軽々と運んでくれるバスの女性《じょせい》運転手さん。

白だ。あがってしまったのだ。さっきまで、おじさん2人にあんなに話したのに！仕方なく英語で話した。ぼくは若《わか》い女の人に話しかけるのが苦手だった。ぼくのスウェーデン生活はこんなふうに始まった。インフォメーションのお姉さんは、ストックホルムの中心地まで、バスで行くことや乗り場をていねいに教えてくれた。

空港からのバスの運転手さんは背《せ》が高く、がっしりとした屈強《くっきょう》な女の人だった。濃《こ》い緑のサングラスをしていて表情《ひょうじょう》はわからない。たくましい感じの運転手さんは、思いがけずやさしく、大工道具の入った重たいスーツケースをバスのトランクにのせるのを軽々と手伝ってくれた。スウエーデンの男女平等は日本よりも進んでいると聞いていたが、体格《たいかく》だって平等だ。男の人は、スウェーデンの女性《じょせい》に、「荷物を持ちましょう」と言ってはいけない。女の人は、「なんで?」と聞き返すだろう。場合によってはしかられる。レディファーストは、この国では禁物《きんもつ》だ。相手を思いやってはいけないということではない。とにかく男女平等なのだ。

女性《じょせい》の運転手さんのあやつる大きなバスの横には、スウェーデン語でこう書かれていた。

「国は一つの家族です。わたしたちのおじいさんやおばあさん、おとうさんやおかあさんは、これまでわたしたちのために働いてくれました。これからは、わたしたちの番です。」

なるほど、ここはどんな国なのだろうかと、期待と不安を抱《いだ》いて乗りこんだ。

## 3　ひげもじゃおじさんに出会う

ストックホルム駅のベンチで、ぼくは大学のあるリンシェーピンへ向かう列車を待っていた。駅には、鉄と木でできた4人がけのベンチがあり、その端《はし》に一人座《すわ》って、ぼくは電車の待ち時間をつぶしていた。

ベンチは、脚《あし》と構造《こうぞう》をささえる部分は鉄でできているが、人間の体にふれる部分はすべて木材だ。ひじかけや、横に何本もわたしてある背《せ》もたれと座《すわ》る部分の板はナラの木でできている。座《すわ》るところから、背《せ》もたれまでのカーブは、気持ちよくゆったりと落ち着く。木材にふれると、今のような夏の間は、少しひんやりした感じでありがたい。そして、マイナス20度になるという冬には、凍《こお》りつくこともなく座《すわ》ることができるのだ。

木材はすごい！などと考えていると、ひげもじゃで、ぼくの2倍はあるような大きな大きな男の人が、どっしりとぼくの横にすわった。なぜこんながんじょうなベンチがあるのかわかった。4人がけと思ったベンチは、ぼくとその男の人でいっぱいになった。なんとなく横目でうかがった隣《となり》の大男は、腕《うで》が太く筋肉《きんにく》もたくましい。『ハリー・ポッター』のハグリッドか、プロレスラーか、いやサンタクロースかもしれない。男の人は、手に茶色の紙袋《かみぶくろ》を持っている。かれは、ベンチに腰《こし》を下ろして、人心地つくと、がさがさという音をたてながら袋《ふくろ》の中を探《さぐ》りはじめた。ぼくは、中から何が出てくるのか心配だ。お弁当《べんとう》のサンドイッチならよいけれど、北欧名物《ほくおうめいぶつ》の強い酒びんを取り出したら、さりげなくここを離《はな》れなければならない。何か大男の気にさわって、なぐられでもしたら、ひとたまりもないだろう。ぼくは引《ひ》っ越《こ》しのように荷物が多いし、すばやく移動《いどう》するのもむずかしい。

はたして、茶色い紙袋《かみぶくろ》から出てきたものは、木の棒《ぼう》だった。細くて長くて先がとがっている。危《あぶ》なそうな長い棒《ぼう》が2本も出てきた。そしてさらに、ひげもじゃ大男が取り出したものは、丸く大きな毛糸玉。毛糸は太いウールだろう。暖《あたた》かそうでさわり心地もよさそうだ。大男は、かすかにほほえみながら、ざっくざっくと編《あ》み始めた。

ベンチで編《あ》み物《もの》をするひげもじゃおじさん。

たぶん冬物の靴下《くつした》かセーターを、寒くなる前につくってしまおうという魂胆《こんたん》だ。

この、ひげもじゃおじさんに会った時は、本当に驚《おどろ》いた。今思い出すと、これはすごくかっこうがいい。そのときはまだ、編《あ》み物《もの》は女の人の仕事なんて思っていた自分が恥《は》ずかしい。ひげもじゃ大男は、自分のセーターや靴下《くつした》を自分でつくれる男だ。スウェーデンでは変な人ではなかった。そんな男たちは、スウェーデンにたくさんいる。のちに大学の寮《りょう》で友人になったペールは、趣味《しゅみ》で自分の靴下《くつした》を編《あ》んでいたし、町ではいくらでも、そんな光景を見ることがあった。

ものづくりに性別《せいべつ》なしだ。これは、学校の授業《じゅぎょう》でも大事なことだ。スウェーデンの学校では、これは女の人の仕事、これは男の人の仕事と分けて教えることはない。

## 4　スウェーデンの靴《くつ》ひも

ぼくがスウェーデンの大学から研修《けんしゅう》で地元の「基礎《きそ》学校」に来ていた時の話だ。

ぼくのまわりにいる基礎《きそ》学校の生徒たちは、日本だったら小学校の6年生になるだろう。スウェーデンの基礎《きそ》学校というのは、日本でいうと小学校と中学校をあわせたものだ。かれらと共にすごすうちに、ぼくはじょじょに新しい環境《かんきょう》になれてきたし、生徒たちともうちとけてきた。そして、ぼくは最初から気になっていたことを、たずねることにした。

生徒たちは、白い運動靴《うんどうぐつ》を履《は》いていた。そしてその運動靴《うんどうぐつ》には、さまざまな色の靴《くつ》ひもが結ばれていたのだ。それは、どれもみな異《こと》なる色の糸が混《ま》じり合《あ》ったひもで、赤、青、緑、オレンジ、黄色と楽しく虹《にじ》のようだ。配色もすてきだが、素材《そざい》の質《しつ》もまたすばらしい。ぼくは生徒の一人に、

自分でつくったきれいな靴《くつ》ひもをするスウェーデンの子どもたち。

「すてきな靴《くつ》ひもだね。どこで買ったの？」

と、聞いた。

「え、何？」

相手の男の子は、ぽかんとしてしまった。そこにクラスの友だちが、

「なに、なに？」

と、集まってきた。なかでも元気のいい女の子が、

「自分でつくるの！」

と、言う。そして生徒たちは口々に、

「そうだ。そうだ」「自分たちでつくるんだよ」「売ってないの」

と、いっぺんに語りだした。その瞬間《しゅんかん》に、ぼくは「しまった」と思った。ぼくは工作を学びにスウェーデンに来たのだ。つまり、自分でものをつくることを勉強しにきた。どこで買ったの？と聞いてはいけなかった。

ぼくはいまだに、あのときを思い出すと恥《は》ずかしくなる。自分が必要なものは何で

も買うことで手に入ると思うほどおろかではないと考えていたけれど、心の奥底《おくそこ》には、そんな気持ちが隠《かく》れていたのではないか。

ぼくは生徒たちと話すにつれて、かれらの靴《くつ》ひもが、ますます欲《ほ》しくなった。もちろん、つくって欲《ほ》しいとお願いすれば、つくってくれただろう。でも、それでは、ぼくが本当に欲《ほ》しいものは手に入らない。それは、お金で買えないものだ。それは、自分で時間をかけてつくる以外に、手に入れることはできないのだ。ものには、そういうものもある。

さて、靴《くつ》ひもをつくるには、道具がいる。ひもは織《お》ってつくられていて、織《お》り機《き》が必要だ。スウェーデンの子どもたちが使っているのは、とても単純《たんじゅん》な道具だから、織《お》り具《ぐ》といってもよいかもしれない。その道具がまたすてきだ。木でできたこの道具を見て、「どこで買ったの？」などとぼくはもう聞かなかった。そう、道具もまた生徒たちが自分でつくったのだ。ものをつくるには、道具が必要で、まずその道具をつくってから、ものをつくるということを、スウェーデンの小学生たちが学んでいる。

そのことを、ぼくはこの時、ようやく学び始めたというわけだ。

## 5　チーズボードの話

スウェーデンには、スロイドという教科があり、日本の図工科や美術科《びじゅつか》、家庭科、技術科《ぎじゅつか》の内容《ないよう》に似《に》たものがふくまれている。スロイドは、木材・金属《きんぞく》スロイドという領域《りょういき》と、テキスタイル（織物《おりもの》）スロイドという領域《りょういき》に分かれており、先生はそれぞれの専門家《せんもんか》がなるが、生徒たちは男子も女子も同じように学ぶ。その教科の分類は木材や金属《きんぞく》を使う教科と、テキスタイルをあつかう教科というように素材《そざい》で分けられており、日本の図工科や美術科《びじゅつか》、技術科《ぎじゅつか》と家庭科という分け方とは異《こと》なる。素材《そざい》が異《こと》なるということは、それをあつかう設備《せつび》が異《こと》なるということだから、教室ごとに学ぶことが異《こと》なるとも言える。

日本では、技術科《ぎじゅつか》でも図工科や美術科《びじゅつか》でも木材をあつかう。同じ材料を使って、同じように何かをつくる。ものをつくるには、知識《ちしき》だけ、技術《ぎじゅつ》だけではできないし、アイデアや美、感性《かんせい》だけでもできない。これらの橋渡《はしわた》しをすることが必要だ。そして、ものづくりの一番楽しいところは、アイデアが現実《げんじつ》となっていくプロセスにある。ものづくりには、教科の区分も国境《こっきょう》もない。

木材スロイドの授業《じゅぎょう》では、はじめに、小学校低学年の子どもには、先生がバンドのようなのこぎりの刃《は》がついた帯《おび》のことという機械で丸太から板に製材《せいざい》したざらざらの板が配られる。

たいていはシラカバの木だ。シラカバは広葉樹《こうようじゅ》で、繊維《せんい》がつまっているため、みがくとすべすべになる材料だ。日本で近い樹種《じゅしゅ》は、カバやサクラになるが、それよりも軽くやわらかい。生徒たちは、両脇《りょうわき》にはそのまま皮がついた状態《じょうたい》で、糸のこなどで好きな形に切って、サンドペーパーでみがく。きれいになるまで一生懸命《いっしょうけんめい》にみがく。最後に食用油やオリーブオイルをつけて、ふきながらみがけば、自分の顔が映《うつ》るほどピカピカになる。自分だけのチーズボードが完成だ。

チーズボードは、チーズをのせて切ったり、パンを切ったりするまな板だ。台所だけでなく、食事をする食卓《しょくたく》の上に持って来て使う。パンやチーズが主食のスウェーデン人にとってみれば、本当に大切な道具になる。

親たちはもちろん、子どもたちがつくったチーズボードはうれしいものだ。喜んで、すぐに使いだす。そして、親たちも自分の子どものころにつくったことを思い出す。親と子どもが、つくったものをまん中においてお話をする。お父さんやお母さんの子どものころの話になるかもしれない。

そして、そのチーズボードは、たいていそれだけでとてもすばらしいものだけれど、こうしたらもっと良くなるのではないかという話になる。たとえば、穴《あな》をあければ、洗《あら》ったあとで壁《かべ》にかけておけるとか、ほかにはない、わが家のしるしを彫刻《ちょうこく》してみたらとか、角をもっとなめらかにすると心地よいのではとか、ものをつくることについて話し合うことができる。ものづくりは、ひとりでやるだけではなくて、まわりの人と話をしながら、ほかの人の意見を聞くことが大事なのだということを知る。

しばらくすると、先生が生徒たちに、チーズボードを学校に持ってくるように言う。そうして、生徒たちは、こんどはクラスのみんなに、家でどんなことを話し合ったのかを発表するのだ。

ぼくらはものをつくる際《さい》に、まわりの人たちと話をする能力《のうりょく》がとても大切なことを痛感《つうかん》している。この能力《のうりょく》を、コミュニケーション能力《のうりょく》と呼《よ》んだりする。ふだん、美術《びじゅつ》はこういうものから遠いところにあると思われている。つまり、話したり、相手のことを理解《りかい》したりするよりも、自分を表現《ひょうげん》することが大切と思われている。しかし、ものづくりには、自分だけではできない部分もある。そして、大人になって社会生活をいとなむには、ものづくりと同じようにコミュニケーション能力《のうりょく》が必要だ。国際化《こくさいか》とかグローバル化とか言われるこの時代に、日本でもこの能力《のうりょく》がとくに重視《じゅうし》されている。

まわりを海で囲まれて、地理的に独立《どくりつ》したまとまりがあるためか、日本人はこと細かに説明せずに理解《りかい》したり、されたりすることを望むのではないだろうか。

日本には「空気が読めない」という表現《ひょうげん》があるが、言葉で説明できず、「空気を読め」では困《こま》るし、相手のことを理解《りかい》せずに一方的に「空気が読めない」という批判《ひはん》も困《こま》る。価値観《かちかん》（なにが大切なのか、なにが良いのかについての考え方）が多様になってきた現代《げんだい》では、ますますほかの人と話し合う能力《のうりょく》の必要性《ひつようせい》が高まる。自分の意見を理解《りかい》してもらうには、相手の意見を理解《りかい》しなくてはならない。そこには、ゲームと同じようにルールがある。そのルールを守らなくては話し合いもできないわけだ。ルールは、いろいろな教科のなかで学ぶことができるのだけれど、図工や美術《びじゅつ》のなかでも学ぶことができる。一人で空気はつくれない。

ぼくがスウェーデンの学校で思ったことは、先生が論理的《ろんりてき》に説明してくれるということだ。たとえば、日本で先生のやるようすを見るだけでおぼえた木工の技術《ぎじゅつ》など、あらためてスウェーデン語で説明されながらやることで本当に理解《りかい》できたと思うことがあった。スウェーデンでは、仕事をする前に、なぜ、そうするのか？ということについての理解《りかい》が必要と考える。日本では、何度もくりかえし失敗しながら、先生と同じように仕事ができるようになり、なぜそうだったのかを自分で理解《りかい》する大切さを教えられる。しかし、刃物《はもの》を使う仕事は、安全であることが大切なので、みんなが守らなくてはならないことをいち早く説明する必要があるだろう。もちろん言葉だけではない。先生をよく見ることも大切だし、教室のようすからも学ぶことができる。基礎《きそ》学校や高校、大学でスロイドの先生になる人たちが学ぶ大学の教室は、言葉をこえた一つのお手本となる。安全で清潔《せいけつ》な教室で学んだ先生たちが、自分の学校の教室をつくる。だから小学校から高校まで、北欧《ほくおう》の木材工芸の教室はとても美しい。掃除《そうじ》が行《い》き届《とど》き清潔《せいけつ》だし、整理整頓《せいりせいとん》されている。こんな部屋にいたら、ものづくり好きの人間は、とてもうきうきする。

スカンジナビアデザインの形はどこから発想しているのだろうか、というぼくの疑《ぎ》問《もん》の答えは、ものづくりを大切にするスウェーデンの人たちの生き方、生活にあった。そして、それをささえているのが考え方、つまりは教育だ。学校でぼくらはいろ

スウェーデンの学校の木材工芸教室。

いろなことを学ぶが、本当に大切なことは、形として教えているものの後ろに隠《かく》れている。つまり、目に見えないものだ。スウェーデンの工作であるスロイドでは、ものづくりの楽しさ、喜びがエネルギーの源《みなもと》だった。そのエネルギーを使って北欧《ほくおう》の人たちの気質《きしつ》であるまじめで論理的《ろんりてき》な考えと、つくりたいという「こころ」がいっしょになる。生活と自然がスウェーデンのものづくりの基本《きほん》だけれど、それらは教育でささえられていることを知った。

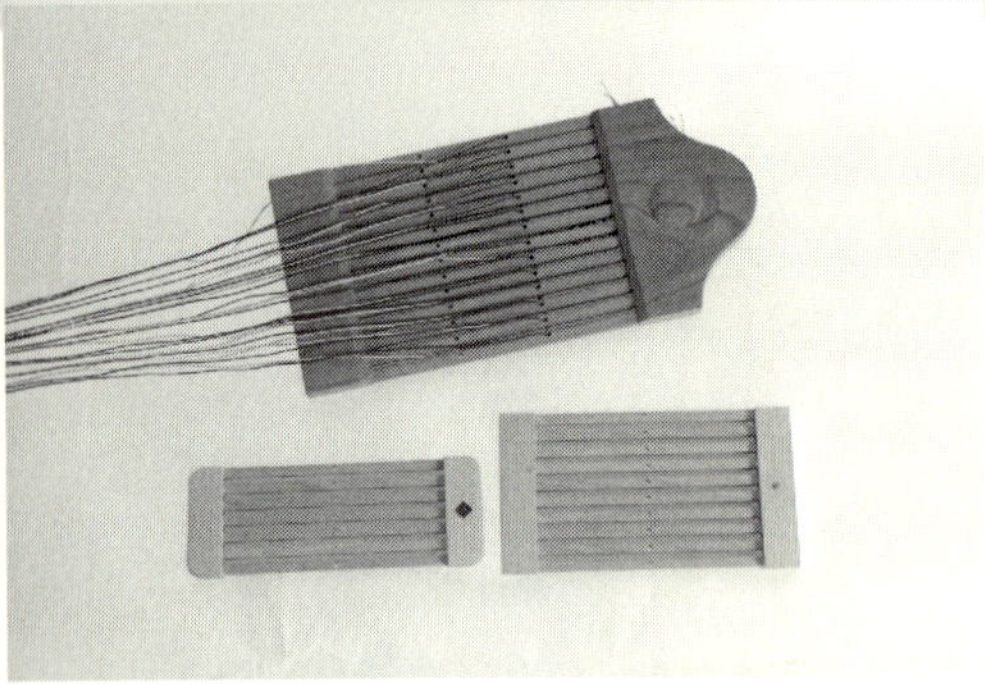

つくってみよう②

# やさしい織《お》り具《ぐ》

## 用意するもの

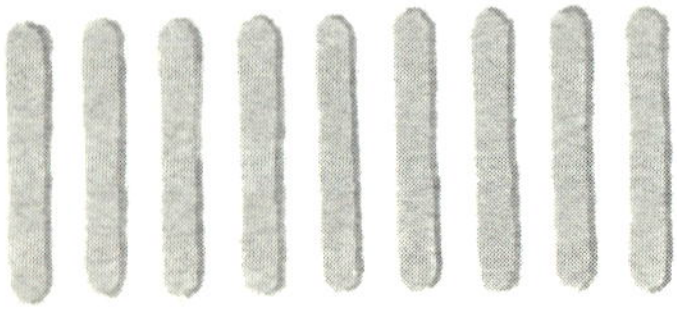

アイスのスティック９本
（できるだけ平たくて長いもの）

ハンドドリル
（３mm の刃《は》）

紙ヤスリ（180 番）

木工用
ボンド

セロハン
テープ

マッチ棒《ぼう》

❶アイスのスティックのうち、５本の真ん中にハンドドリルで穴《あな》を開け、細くまるめた紙ヤスリで穴のへりのギザギザをけずろう。

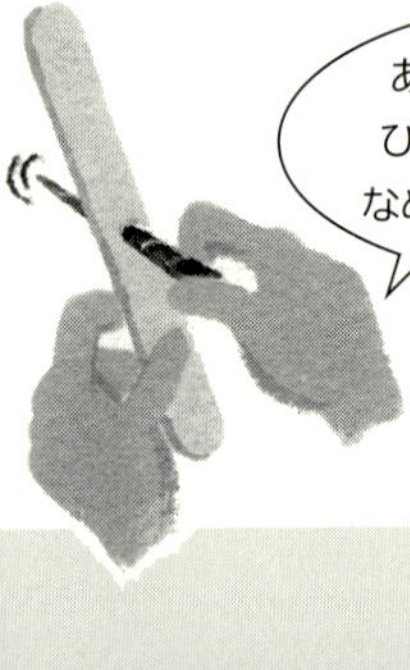

あとで糸を通すから、ひっかからないようになめらかにしておくんだ

いらない木を下にしいておくといいよ

❷穴《あな》を開けたスティックをそろえて並《なら》べ、
その間にマッチ棒《ぼう》をはさんで、
テープで貼《は》りつけよう。

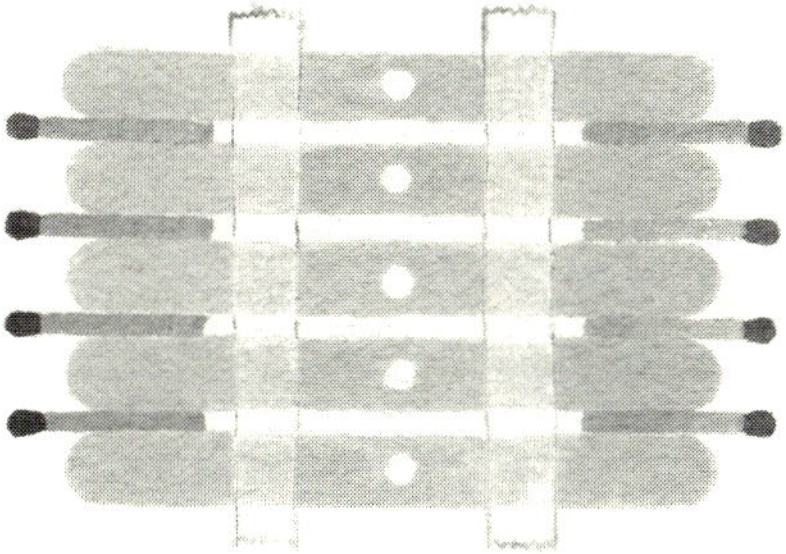
マッチ棒《ぼう》をはさむことで
同じ幅《はば》だけ間を空ける
ことができるよ


❸マッチ棒《ぼう》を取り外し、
残りの棒を図のように
接着《せっちゃく》しよう。
ボンドが乾《かわ》いたら、
テープを取り外して完成！

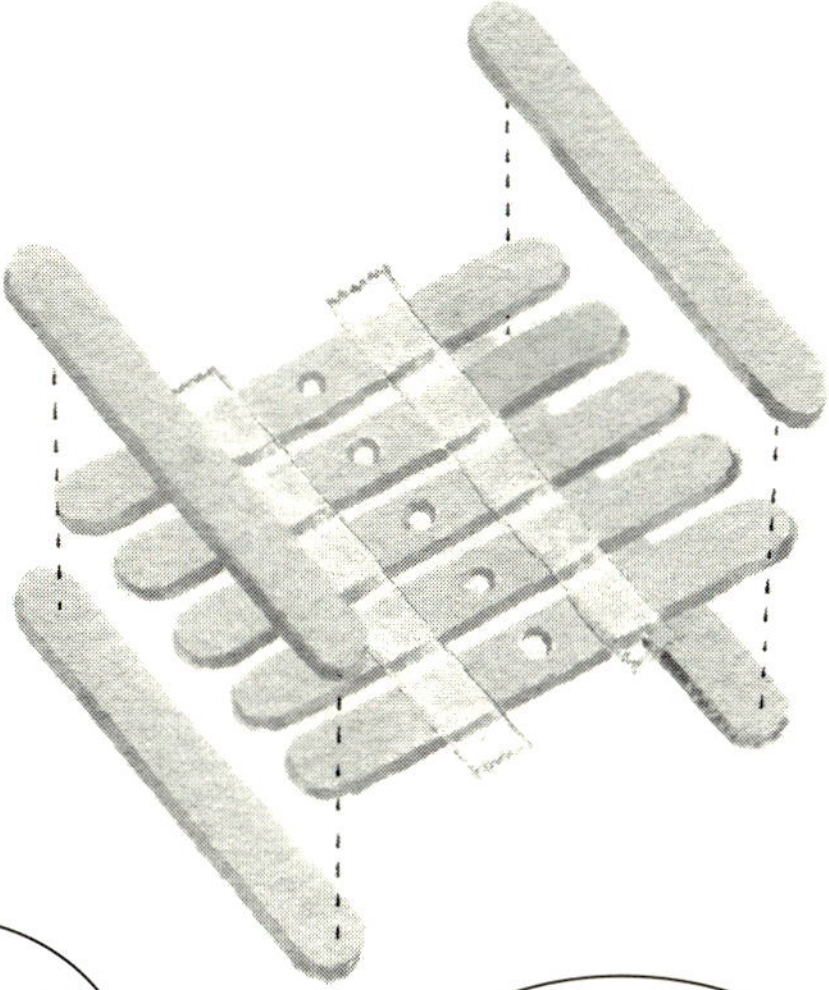

カラフルなひもを

本を重石《おもし》に
するといいよ。
そのばあい、このように
紙をはさんでおこう

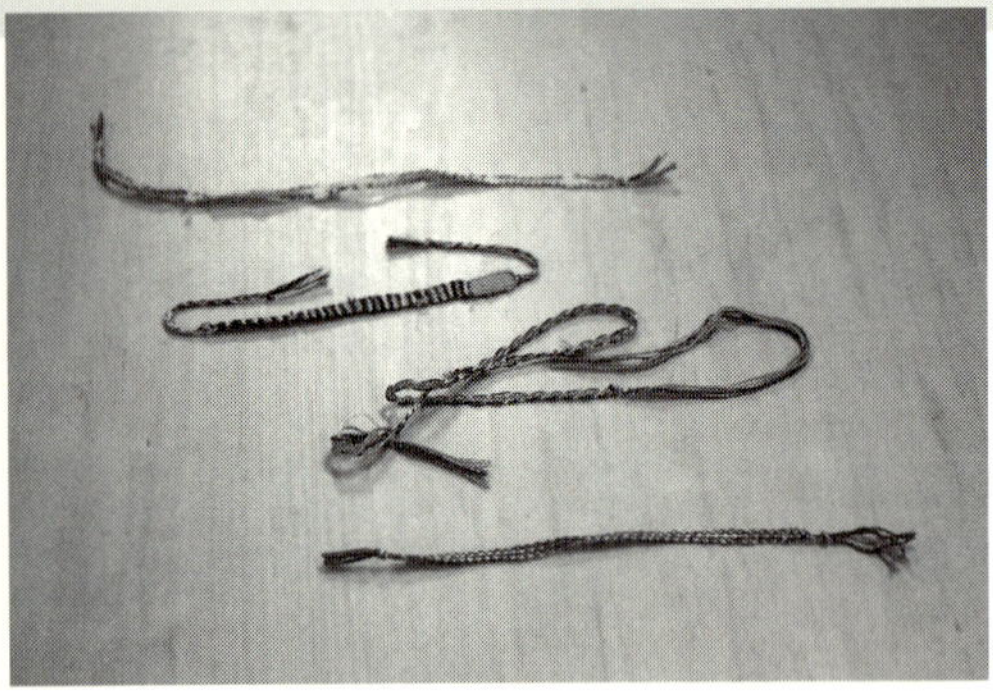

つくってみよう③

# カラフル織《お》りひも

## 用意するもの

太さ1～2mmの糸10本
(毛糸、手芸糸など)

はさみ

ひも（ビニールひもなどでOK)

織《お》り具《ぐ》

机《つくえ》と椅子《いす》

❶10本の糸を80～100cmに切りそろえ、
そのうち9本のいっぽうの端《はし》を固結《かたむす》びしよう。
次に机《つくえ》の脚《あし》にひもを結んで、
図のように糸のたばを固定しよう。

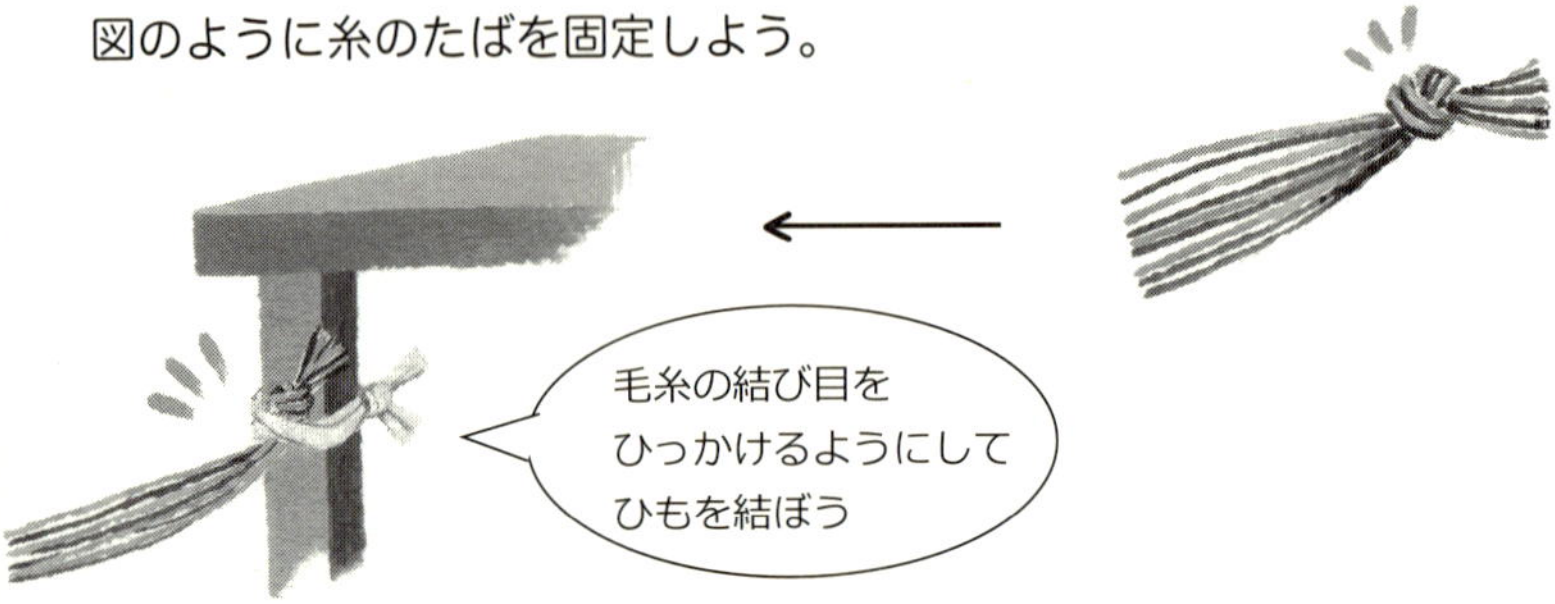
毛糸の結び目を
ひっかけるようにして
ひもを結ぼう

❷糸の結んでいないほうを、織《お》り具《ぐ》の穴《あな》の部分と
スティックの間の部分に通してから、
こっちも固結《かたむす》びしよう。

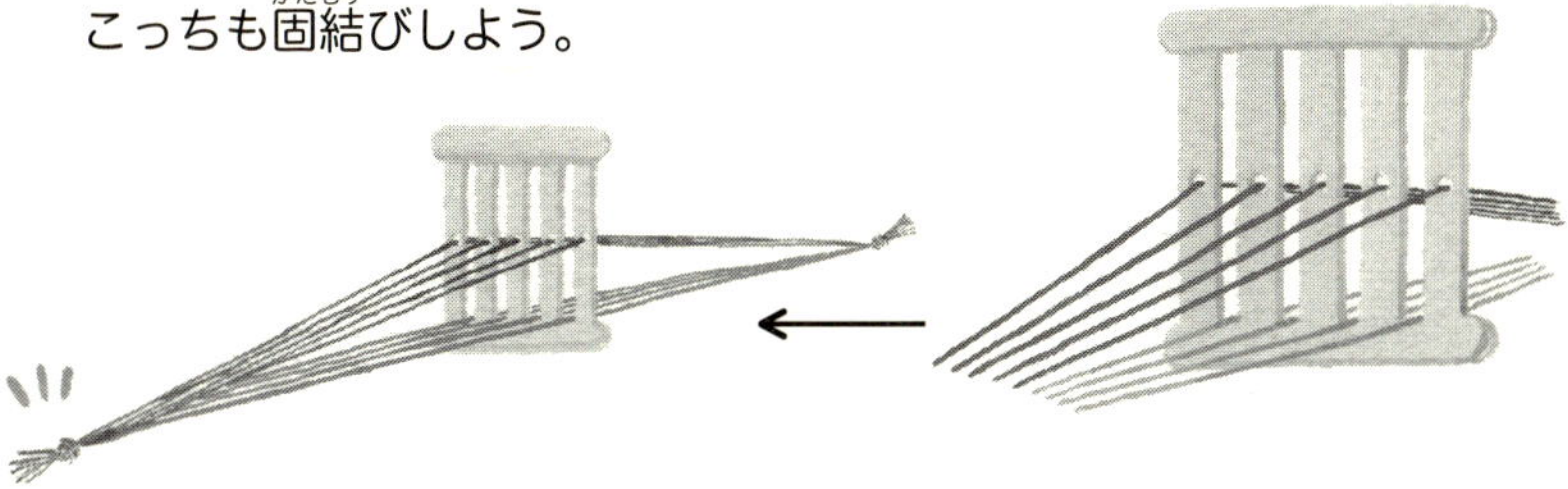

❸　②で固結《かたむす》びした部分を、
ひもを使って、図のように
自分の腰《こし》に固定しよう。
そのとき、残った１本の糸も、
腰のひもに結んでしまおう。
これが横糸になる。

机《つくえ》の脚《あし》に
固定したときと
同じ要領《ようりょう》だよ

❹織《お》り具《ぐ》を上、下と動かして、
糸がぴんと張《は》るかどうか
確《たし》かめよう。

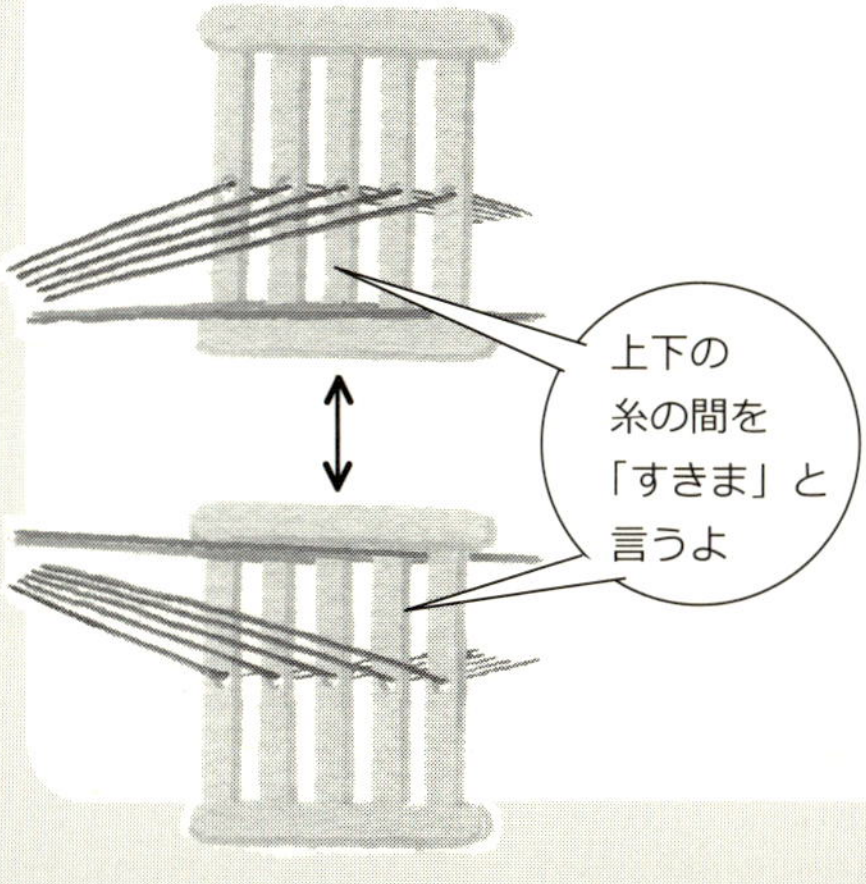
上下の
糸の間を
「すきま」と
言うよ

❺織《お》り具《ぐ》を上げ下げして
できたすきまに、図のように
交互《こうご》に横糸を通していこう。
織り進むと右下の図のように
なってくるよ。

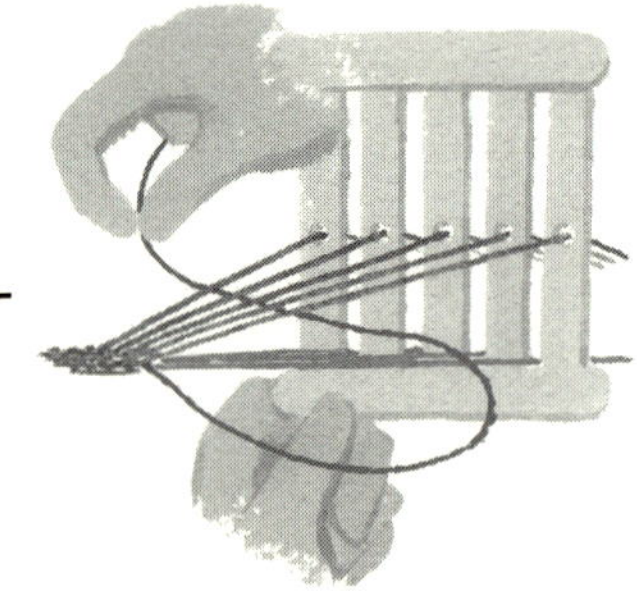

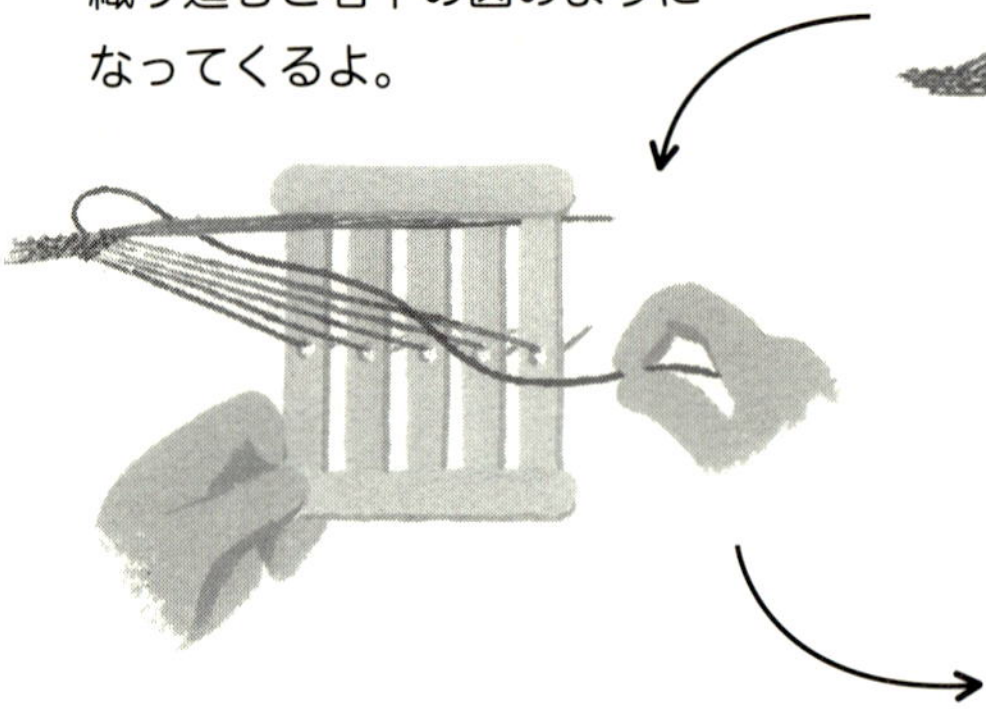

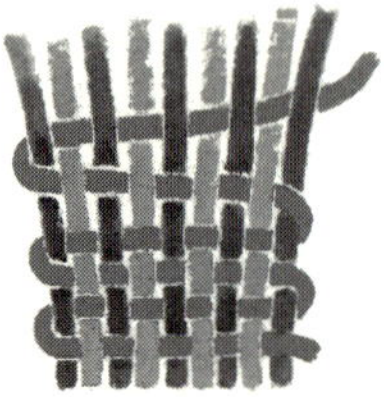

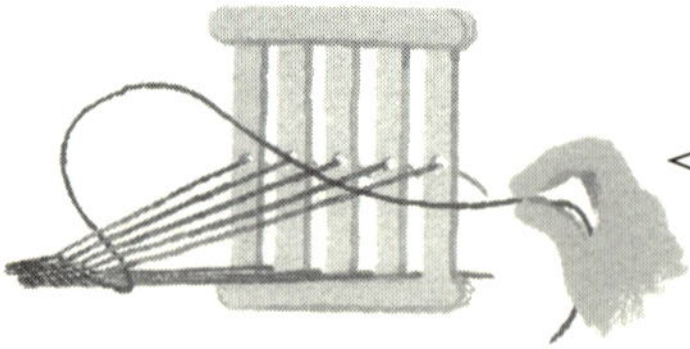

これは応用編《おうようへん》。
向こう側にやるときは
すきまを通して、
こちら側に戻《もど》すときは
図のように上から……を
繰《く》り返すと、
丸いひもができるよ

❻てきとうな長さになったら、
両端《りょうたん》をはさみでカットして、
ほつれないよう固結《かたむす》びしよう。
靴《くつ》ひもや髪《かみ》を結ぶのに
使ってみよう。

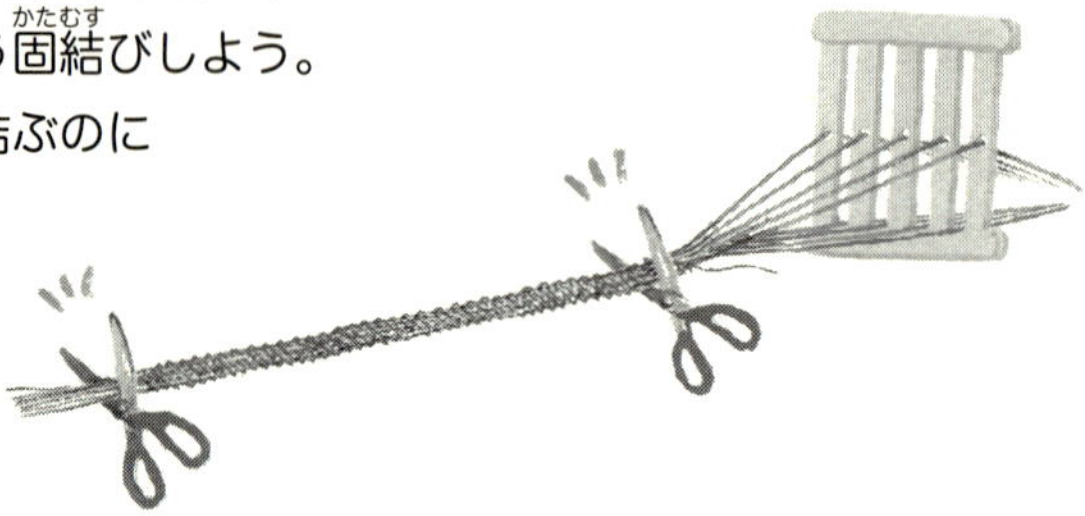

# V　スウェーデンの自然

## 1　王様の道

スウェーデンのものづくりがどのような感じで行われているのか、わかってもらえただろうか。ここでつくられたもののの形のうしろに隠《かく》れている目に見えないものを探《さが》すために、この章では、ものづくりから少し離《はな》れて、豊《ゆた》かな木々を育み、食べ物などの恵《めぐ》みをもたらすスウェーデンの自然について、ぼくの経験《けいけん》をもとにお話ししよう。

スウェーデンには「王様の道」という名前の道がある。王様の道というと、どんな道を思《おも》い浮《う》かべるだろうか。広くて、石畳《いしだたみ》で、沿道《えんどう》にはたくさんのお店？　王宮前の道？　スウェーデンの王様の道はどこに通じているのだろう。この王様の道はスウ

王様の道。

エーデンの北部を通る。そこは、ラップランド地方と呼《よ》ばれ、遊牧民族のラップ人たちが暮《く》らしている。見《み》渡《わた》す限《かぎ》り野山で、そこに1本の道が通じている。ぼくは、夏休みにその「王様の道」を歩くことにした。

　夏とはいえ、雪が残る場所もあるこの地方を歩くには、それなりの準備《じゅんび》が必要だ。スウェーデンには、人をおそう大きなクマもオオカミもいないから、大きなナイフはいらないけれど、1週間以上にわたり野を歩くには、小さな良く切れるナイフは何かと役に立つだろう。マイナス20度まで耐《た》えられるという布団《ふとん》のかわりのシュラフもいる。一人用のテントも手に入れた。必要なものをそろえてみると、かなりの荷物になる。一人で持てるのだろうか？　薪《たきぎ》を背負《せお》って運ぶ時に使われた背負子《しょいこ》をアルミフレームでつくったような感じのリュックサックを買った。テントは風に強いのが自慢《じまん》だという。舟《ふね》をひっくりかえしたような形をしており、北極圏《ほっきょくけん》にすむという北極狐《ほっきょくぎつね》（フィエールレーブ）のマークがついている。こんな狐《きつね》に会ってみたい。

北極圏《ほっきょくけん》にすむ北極狐《ほっきょくぎつね》。

そのほか、ゴム長靴《ながぐつ》、アルコール燃料《ねんりょう》と携帯用《けいたいよう》のなべ、大切な食料。スウェーデンのパンはクネッケ・ブレッドといって、クラッカーみたいに乾燥《かんそう》しているから長《ちょう》期《き》保存《ほぞん》に最適《さいてき》だ。これを持っていく。スウェーデンは日本と違《ちが》い、湿度《しつど》が低いので密閉《みっぺい》しなくても大丈夫《だいじょうぶ》だ。寮《りょう》のコリドールの友だちはみんな毎日バリバリと飽《あ》きずに食べているのだが、本当のことを言うと、ぼくはスウェーデンの乾燥《かんそう》した空気になれるまで、やわらかで、しっとりしたパンが食べたかった。バターも持った。お湯で温めたり溶《と》かしたりするだけのスープやレトルト食品も少し。

王様の道では、狩《か》りをすることができない。そのかわり、小川の水をくんだり、ベリーをとったりすることはできる。王様の道を横切るように、あるいは接近《せっきん》するように、小川や川の流れがところどころにある。地図でよく確認《かくにん》して、1日に歩ける距離《きょり》を考え、川で水を補給《ほきゅう》しなくてはならない。

ゴム長靴《ながぐつ》はノキアという会社のフィンランド製《せい》だ。日本では携帯電話《けいたいでんわ》で有名な会社でもある。深い緑色で、これが最高だと友人のクリステがすすめてくれたものだ。今でもときどき履《は》くけれど、どうも秋田の地質《ちしつ》には合わないようだ。しめった山の斜面《しゃめん》ですべって歩けなかった。

しかし、王様の道はごろごろした感じで乾《かわ》いたところが多いので、歩きやすかった。困《こま》ったのは、沼地《ぬまち》にはまって動けなくなった時だけだ。この時は、両足を沼《ぬま》にとられ、背負《せお》った荷物が重いせいもあり、ずぶずぶとしずんでいった。この長靴《ながぐつ》は、靴《くつ》底《ぞこ》から長靴《ながぐつ》の一番上までだいたい40センチメートルある。両足とも40センチメートルほど沈《しず》み、長靴《ながぐつ》の中に泥《どろ》が入りこんできた。たよりない地面に両手をついて、そろそろと片足《かたあし》を泥《どろ》から抜《ぬ》くことができた。

ぼくが歩き始めて3〜4日たったある日、いつものように見渡《みわた》す限《かぎ》りだれもいない高原地帯をひとり歩いていると、ふたりの人が向こうから歩いてくるのが見えた。このまま歩けば、おそらく1時間ぐらいで出会う距離《きょり》だろう。人と出会うのはめずらしいので緊張《きんちょう》した。そして、ついに出会ったら、向こうはもっと緊張《きんちょう》していた。なにしろ、北欧《ほくおう》の人間とは思えない東洋人が一人で歩いているのだから、当然といえば当然だ。

「ヘイ」(スウェーデン語で「やあ」とか「こんにちは」という意味。友だち同士にも先生にもだれにでも使えて、短くて便利な言葉だ。)と言ってにっこり笑い、そのまますれ違《ちが》って過《す》ぎ去《さ》ろうとすると、緊張《きんちょう》しながらもふたりのスウェーデン人が話しかけてきた。かれらはぼくよりも若《わか》く、友だち同士で夏休みを利用して北を目指していた。ぼくは南に向かっているので、運良く出会ったわけだ。この1週間以上歩いて、ぼくが出会ったのはかれらだけだ。聞けば、かれらは水がほしくて、ぼくを目指して歩いてきたと言う。道理で出会ったわけだ。しばらくのあいだ水場がなかったようだ。かれらは元気だし、水場まであと少しだ。

ぼくは後戻《あともど》りしたくなかったし、次の水場まで必要な量しか持っていなかったので、「1時間歩けば水にありつけるけど、耐《た》えられるか？」と聞いた。ふたりは元気そうにうなずいている。それよりも、ぼくがスウェーデン語で話すと、「おお、スウェーデン語が通じる！」と驚《おどろ》き、うれしそうだ。そういえば、ふたりは最初、ぼくの知らない言葉、英語でもスウェーデン語でもドイツ語でもフランス語でもない言葉で話しかけてきたので、かれらはどこから来たのかと思ったがスウェーデン人だ。ぼくがスウェーデン語で話したら、とても喜んだ。

そこで、地図を見せて、今いるところと川の位置を教えてあげた。なんと、かれらは地図を持っていないという。ぽつぽつと設置《せっち》された道標《みちしるべ》をたよりに歩いてきたらしい。クリステが聞いたら、無謀《むぼう》なふたりだと言うだろう。よくここまで来られたね、と地図を広げて見せたら、かれらはまた驚《おどろ》いた。ふたりがたがいに顔を見合わせながら、「これはスウェーデンの地図だよ」と言い合っている。「そうだよ、スウェーデンのものは最高だ！　磁石《じしゃく》も、ナイフも、リュックもスウェーデン製《せい》だ。それにこはスウェーデンだしね」と冗談《じょうだん》のつもりで言った。かれらはただただ納得《なっとく》したというように、うなずくだけだ。

しばらく雑談《ざつだん》した後、とにかく水場を教えて、ふたりと別れた。とその時、かれらはスウェーデン語で「さようなら、ありがとう」、そして、ぼくの知らない言葉でおそらく同じ意味の言葉を言いながら、にこにこしながら手を振《ふ》ってくれた。どこの言葉か知らないけれど、何を言っているのか見当がつくものだなと思いながら、ひとりで歩くうちに、だんだんと思い当たることがあった。スウェーデン人のかれらは、ひげをはやした東洋人のぼくに、どこから来たのかとたずねないし、ひとりで歩いていることを気にしなかった。あの若《わか》いスウェーデンのふたりは、ぼくをこの土地の人であるラップ人と思っていたのだろう。ちょっと愉快《ゆかい》な気分になって、しばらくぼくは、ラップ人になったような気持ちで王様の道を歩いた。

スカンジナビア半島の北部からロシアの北西部のコラ半島までを移動《いどう》し生活しているラップ人は、スウェーデンでは「サーメ」と呼《よ》ばれ、自らも「サーメ」と名のる。トナカイを狩《か》って暮《く》らすサーメ人は、後からきた種族によって北方に追われたと言われる。ラップとは、かれらの言葉で「追放されたもの」という意味だそうだ。だからこの本では、これからサーメと呼《よ》ぼうと思う。

サーメと日本人の祖先《そせん》は、とても近いと言われているので、ぼくの会った若《わか》いスウェーデン人たちは、ぼくを見てサーメと思ったのかもしれない。

ぼくは一度だけ、生粋《きっすい》のサーメの人たちに遭遇《そうぐう》した。緑色の舟形《ふながた》テントで快適《かいてき》に休んでいたある日、うとうととしていたら外が騒《さわ》がしい。犬かな、と思ったが、しだいにものすごくたくさんの足音が近づいてきた。地響《じひび》きも聞こえ、テントがゆれる。け

トナカイを放牧するサーメ人。

もの息の音が聞こえ、テントをつついていく。思わず小さなナイフをにぎりしめると、遠くに動物をはやすような人の声が聞こえてきた。テントには窓《まど》がないし、外のようすは想像《そうぞう》できない。やはり出たほうが安全だと思い、ぼくは勇気を出してテントからはい出した。なんと、まわりはトナカイの群《む》れだった。ぼくは放牧コースの真ん中で寝《ね》ていたのだ。ぼくのすぐそばにいたトナカイたちが遠い尾根《おね》に消えるまで、ぼくはぼうぜんとながめていた。写真を撮《と》ろうと気がついた時は、トナカイたちはかすかにゴマのような黒い点にしか見えなくなていた。サーメの人たちは、スウェーデンに住む人たちと同じような服装《ふくそう》をしていて、ぼくには区別がつかなかった。

スウェーデンの水は、おいしい。水道の水だってそのまま飲める。日本人にとっては驚《おどろ》くようなことではないけれど、ヨーロッパではめずらしいのだ。ぼくは親が暮《く》らしていたフランスにはじめて行った時に、おなかをこわすから水道の水を飲むなと言われ、飲み水を買うことや、それがワインよりも高価《こうか》なことに、ずいぶんと驚《おどろ》いた。今では、日本でもペットボトルに入っている水を買うことが不思議ではないから、そんな驚《おどろ》きもうすれてしまった。

王様の道を歩いている時は、小川や川の水を飲む。これがまた、うまい。どんなジュースよりもおいしいのだ。日本の友人への手紙にも、夏の日のビールよりも王様の道の水のほうがおいしいと書いたのは、決して大げさでも自慢《じまん》でもない。ぼくはビールが好きだけれど、本当に水のほうがおいしいと思ったのだ。スウェーデンの地盤《じばん》は花崗岩《かこうがん》という岩でできているというが、それが水に良いらしい。ともかく、王様の道の水は飲み放題だ。

　ある日、ぼくは小川で水をすくって飲んでいた。なにしろおいしいから、自分の水《すい》筒《とう》に詰《つ》めこんだ後も、小川にコップをつっこんで飲んでいた。そして、ふと川の流れを見ると、メダカのような小魚がいるではないか？　どんな魚かしっかり見ようとして驚《おどろ》いた。それは、大きな、大きなボーフラだった。大きなボーフラが、本当にたくさん！　川の中を泳いでいるのだ。それから、ぼくはなるべく水をわかしてお茶を飲むようになった。帰ってから、コリドールの友人たちにその話をしたら、「ボーフラが生きていけるぐらい水がきれいだってことだよ！」と力説されたが本当だろうか？　まあ考え方を変えれば、悪いことではないのかもしれない。

　ボーフラの話になったので、成虫の力の話もしておこう。王様の道の力は大きい。そして、たくさんいる。クリステからその話を聞いた時は、信じられなかったが、まるで雲のように人間の頭の上を飛びまわるようすを何度も見た。クリステはまじめな男だが、まじめな顔をして冗談《じょうだん》も言う。多少オーバーな表現《ひょうげん》なだけだと思いながら、クリステの話を聞きつつ、アメリカ軍が使っているという強力な虫よけの液体《えきたい》を買わされた。たしかに、これは良く効《き》いた。クリステに感謝《かんしゃ》した。しかし……ぼくは、頭に塗《ぬ》るのを忘《わす》れた。帽子《ぼうし》もかぶっていなかった。そして、この旅が終わるころに、頭がでこぼこになっているのに気がついた。王様の道では、帽子《ぼうし》を忘《わす》れるとひどいことになると覚えておこう。頭をめちゃくちゃに刺《さ》されたことに気づいた後、スウエーデンのお土産物屋さんをのぞいたら、スズという金属《きんぞく》でつくられた手のひらぐらいの、とてもよくできた大きな蚊《か》の置物がならんでいた。ぼくは買わなかった。

虫よけはよく効《き》くのだが、しばらくすると、なんとなく、ねとねとするような気がして気分が悪い。それに、やっぱり人に会わないとはいっても、お風呂《ふろ》に入りたい。近くにホテルがあるわけでもなし、みんなどうするかというと、川や湖に入って泳ぐ。水着がなくてもだれも見ていないから、恥《は》ずかしくはない。しかし、夏なのに本当に寒い。だから長くは入っていられない。夏でも、まわりに雪が残っているのだ。

お風呂《ふろ》もなければ、トイレもない。こういう状況《じょうきょう》を、スウェーデンで何回か経験《けいけん》させてもらった。それでもスウェーデン人は本当に自然との付き合いが大好きだ。そういう場所に行くと、うきうきする人たちばかりだ。「王様の道」は、ぼくにとって、スウェーデンを知る貴重《きちょう》な経験《けいけん》となった。

## 2 スウェーデンの森と群島《ぐんとう》

ストックホルム駅から自転車に乗って20分ぐらいで着くところにあるユールゴーデン。ここは、遊園地、野外美術館《やがいびじゅつかん》のスカンセン、戦艦《せんかん》のあるバーサミュージアムも近くにある観光地だ。ユールゴーデンは国立公園だが、首都のなかに国立公園があるのはスウェーデンだけだと友人は自慢《じまん》する。スウェーデンの森というと、大変な山奥《やまおく》のような印象を受けるかもしれないが、ここでとりあげたいのは町のとなりにもある森だ。

日本の里山《さとやま》や山岳《さんがく》と異《こと》なり、スウェーデンの森は平地にあるという感じ。もちろん多少の高低はあるけれど、大学のそばにあった森は、その中をジョギングできるようなコースもつくられていた。平地にあるからといって、深くないということではない。上に上がっていくのではなく、奥《おく》へ奥《おく》へと進むような感じだ。日本の平野部に森ができているという感じだ。それでも大学から寮《りょう》までの道は、体がなまっていたぼくにはきびしいところがあり、向かい風が吹《ふ》くときには、自転車が進まず苦労した。そんな森が、町の中心地の近くにあるというのは驚《おどろ》きだった。

森には、キノコやブルーベリーが自生している。四季折々、さまざまな楽しみがあるけれど、一番好きな時期は？と聞かれれば、間違《まちが》いなく6月だと答える。雪がとけてきびしく長い冬が終わると、草木がいっせいに芽を出す。お行儀《ぎょうぎ》良く順番を待っているという感じはない。ともかく競って芽を出すのだ。そして、森の地面がヴィットシップルという花で埋《う》めつくされる。ヴィットは白という意味だ。その光景を見ていると、まるでグリム童話に出てくる白雪姫《しらゆきひめ》が歩き回っているような気がする。

白いヴィットシップルの花が咲《さ》き乱《みだ》れる森。

　スウェーデンの森は、日本のように山の中へと入っていくのではなく、街の延長《えんちょう》線上に森が広がっている。だから、街から歩いているうちに、どこから森になったのかわからないまま、いつのまにか入りこみ迷《まよ》いこんでしまうという感覚がぴったり。そんな森も伐採《ばっさい》され少なくなってしまったのは、工業化した国ぐにに共通の流れだった。白雪姫《しらゆきひめ》も住んでいないし、ラプンツェルのお姫様《ひめさま》のいる森の塔《とう》も見つけられなかったが、たしかにヘンゼルとグレーテルや、あかずきんちゃんの歩いたような道が森の中を続いている。

アンナのお父さんが森で会ったという妖精《ようせい》トムテン。

コリドールで、ぼくの部屋の向かいの部屋に住んでいたアンナのお父さんは大学教授《きょうじゅ》だった。そのお父さんは、森で妖精《ようせい》のトムテンを見たそうだ。ぼくはとても関心を持ち、アンナからくわしく話を聞いた。身長は15センチメートルほどで、森の中でアンナのお父さんとトムテンは、じっと見つめ合ったそうだ。そして、何かのきっかけでふと目をはなすと、もうそこにはいなかったらしい。ぼくは森を通る時は、いつも期待して注意をはらっていたが、残念ながらトムテンに会えなかった。みんなの知っているサンタクロースは、ここでは

「ユールトムテン」という。「ユール」はスウェーデン語でクリスマスのことだ。トムテンとユールトムテン、つまりサンタクロースが親戚《しんせき》なのかどうかは知らない。コリドールの仲間が何と言おうと、アンナは本当に真剣《しんけん》に話をしていたし、トムテンを信じていた。ぼくは今でもトムテンが現《あらわ》れるのを待っている。

スウェーデンには、「自然享受権《しぜんきょうじゅけん》」と言われる権利《けんり》がある。日本語に直訳《ちょくやく》すれば、「万人の権利《けんり》」という意味だ。それは、山や林の中で、だれでもほかの人たちの生活をじゃましない限《かぎ》り、テントを1日張《は》ることができ、火事などにならないように気をつけてキャンプをしてよいという権利《けんり》だ。その土地がだれのものでもかまわない。畑や個人《こじん》が育てているものでなければ、キノコやベリーをとることだって許《ゆる》されている。その話をスウェーデンの先生から聞かされた時の衝撃《しょうげき》は大きかった。聞《き》き間違《まちが》えではないかと何度も聞き返して、先生に笑われた。それにしても、なんとふところの大きな人たちなのだろうと感心したものだ。「自然享受権《しぜんきょうじゅけん》」(万人の権利《けんり》)という名称《めいしょう》からも、スウェーデン人がいかに自然に親しんでいるのかが理解《りかい》できる。

土地や自然、環境《かんきょう》はみんなのものなのだ。

もうひとつ、スウェーデン人の自然好きについて話をしてみたい。それは、ストックホルムの東に広がる群島《ぐんとう》のことだ。

ストックホルムの東側には、フィンランドとの間に湾《わん》が広がっているが、ここにはすばらしい群島《ぐんとう》がある。それぞれは本当に小さな島々だ。小さな島がたくさん集まっているところを群島《ぐんとう》という。もちろん、歩いてそれぞれをわたることはできない。だから船がいる。スウェーデン人のポピュラーな趣味《しゅみ》は、ヨットだ。コリドールの友人ペールは、大学の友だちとヨットを買った。いつか遠くのオーストラリアまでそれで行く予定だという。夏休みを利用して、コリドールの友人たちでペールのヨットを使ってストックホルムの近くにある群島《ぐんとう》めぐりをしようということになった。

ヨットは4人乗りで、ベッドやキッチンもついている。ぼくらコリドールの仲間たちは、1週間の食料を調達し、ヨットに乗って旅を始めた。無人島に上陸し、風景を

ストックホルム群島《ぐんとう》とサマーハウス。

ながめるだけという、のんびりした自然の中にいるだけの旅だ。少し大きな島には買い物ができる小屋があり、旅の途中《とちゅう》で食料を買い足すことができる。数日でなくなった食料やビールは、ここで調達だ。ペールにヨットの操縦《そうじゅう》方法《ほうほう》を習いながら、ただ美しい夏のスウェーデン、ストックホルム群島《ぐんとう》をながめていた。夕日が本当に美しい。『楽しいムーミン一家』の作者トーベ・ヤンソンさんも、この群島《ぐんとう》の小さな島にサマーハウス（夏の別荘《べっそう》）を持っていたらしい。

　水道も電気もないところに家を建てて住

むことは、工芸家をめざす同級生たちのあこがれであった。多くのスウェーデン人がサマーハウスを持っている。ぼくが学んだ大学のベント校長は、駅前のマンションに住みながら、車で1時間ぐらいのところに小さな山荘《さんそう》を所有しており、週末や時間のある日にはそこで暮《く》らしていた。ぼくも週末に招待《しょうたい》をしてもらい、森を歩き、釣《つ》りをして、食事をいただき、泊《と》めてもらった。かれは、「スウェーデンには、変わった風習があるのだ」と言う。それは、ご飯を食べ終わると「ご飯に感謝《かんしゃ》します」と言うことだ。招待《しょうたい》してくれたスウェーデンの先生や友人たちが、必ず「ほかのヨーロッパ諸国《しょこく》やアメリカでは聞いたことがない。スウェーデンは寒くて作物が育たず、貧乏《びんぼう》だったから、ご飯に感謝《かんしゃ》してきたのだ」と笑いながら語るところが、ぼくは好きだった。ぼくも、日本の「ごちそうさま」という言葉を教えることにした。

森を歩けば、黄金にたとえられるキノコがたくさん生えている。形は異《こと》なるが、日本人のマツタケのような地位を得ているのが、グルド・カンタレールというキノコ

すばらしいキノコのグルド・カンタレールが生えている森。

だ。これは、日本ではアンズタケと言い、あまり有名ではないが、富士山《ふじさん》には自生しているという。この黄色のキノコは、市場で山積みになって売られているが、けっして安くない。なにしろ、グルドはスウェーデン語で「金《きん》」を意味するのだ。色からか、貴重《きちょう》さからか、それとも味のせいか、グルド・カンタレールと呼《よ》ばれるすばらしいキノコだ。これでパイをつくったり、肉にかけるソースをつくったりする。スウェーデンの人たちにとっては、なくてはならないキノコだ。

友人の一人は、グルド・カンタレールに

はわずかに毒があるから、乾燥《かんそう》させてから使うべきだと言った。いつもは森の中でこれを見つけるのはむずかしいのだが、今年はあそこにもここにもある。しかし、だれもとらないのだ。なぜだろう？　少し前に、旧《きゅう》ソ連《れん》にあったウクライナのチェルノブイリというところで原子力発電所が事故《じこ》で爆発《ばくはつ》した。その放射能汚染《ほうしゃのうおせん》のため、スウェーデン人は森のキノコをとらなくなった。友人は残念そうに「今年はやめておこう」と言った。めずらしいキノコを森で見ることができたが、そこには本当に体に悪い毒がふくまれてしまっていた。

　ぼくの歩いた王様の道のようすは、すでに20年以上前の話だ。現在《げんざい》では、この道があるアビスコ国立公園は、世界で一番整備《せいび》が整った国立公園と言われ、王様の道には、山小屋や山岳《さんがく》ステーションが完備《かんび》され、聞くところによるとサウナまであるらしい。今では日本から訪《おとず》れる人も多いという。

　高度成長期の日本の劇的《げきてき》な変化を見てきたぼくらにとって、つい見すごしてしまいそうだが、この30年ほどの変化だって小さくはなかった。ぼくが子どものころに思《おも》い描《えが》いた未来の21世紀では、高層《こうそう》のビルディングをつなぐ透明《とうめい》なチューブの中をタイヤのない車が走っていた。残念ながら、そんな変化はなかったけど、秋田に来てから、新幹線《しんかんせん》が通り、高速自動車道がつながった。東京もずいぶんと近くなったものだ。あれから20年以上が過《す》ぎ、スウェーデンの北部の世界も大きく変化したようだ。安全で快適《かいてき》に歩くことができるのは、すばらしいことだと思う。昔は良かったと言う気はないが、当時と同じ経験《けいけん》は二度とできないのだ。スウェーデン人も日本人も同じように。われわれは、自然とどのように付き合っていくのか、という課題には、いくつもの解答《かいとう》があるだろう。正解《せいかい》も不正解《ふせいかい》もないなかで、自分で答えを選びながら付き合っていくほかないのかもしれない。そのなかで大切なことは、自然をよく知り、謙虚《けんきょ》な心を失わずに自然と向かい合っていくことだと思う。

# Ⅵ　自然とものづくり

芸術作品《げいじゅつさくひん》や工業製品《こうぎょうせいひん》だけでなく生活に使うものも、良いものや優《すぐ》れたものは、住む場所にかかわらず世界中の人びとをひきつける。多種多様な生産品は、つくり手の人たちの生き方や考え方を伝えている。そのなかで、スウェーデンをはじめとした北《ほく》欧《おう》の家具や日用品に、ぼくがひきつけられる理由はどこにあるのかたどってみると、いつもそこには「自然」がかかわっているようだ。

スウェーデンの自然は、うきうきするような初夏の明るい日差しばかりではない。マイナス20度にもなる冬の厳《きび》しさもある。どちらも、ものづくりに影響《えいきょう》をあたえている。

日本にも豊《ゆた》かな自然があり、里山《さとやま》がある。日本の人びとも自然とともに生きてきたはずだ。木工製品《もっこうせいひん》や建築《けんちく》をみれば、日本とスウェーデンには共通する考え方がたくさんある。だからこそ、北欧《ほくおう》のものに、ぼくは自分の故郷《こきょう》のような感じを持ったのだろう。ここではものが伝える印象をたどり、つくり手の特徴《とくちょう》を考えてみよう。

## 1　ものづくりの体験とは

前の章でスウェーデンの人たちが自然好きなことをお話ししてきたが、かれらのつくり出したものを見ると、本当に自然が好きなのだなあと感じる。そして自然の素材《そざい》の取りあつかいに感心させられる。かれらの作品から自然を感じたり、自然について考えさせられたりする。

木々をながめていると、その美しさに心がなごむが、それぞれの木には異《こと》なった特《とく》徴《ちょう》があり、長い年月のなかで、人間はその利用方法を学んできた。そうした自然を理解《りかい》することで得た多様な知識《ちしき》や技術《ぎじゅつ》が、ものづくりに生かされていることを知る。ものをつくる人たちは、ものをつくるための知識《ちしき》や技術《ぎじゅつ》を持っている。ぼくをひきつけるものをつくる人たちは、自然について理解《りかい》することが、ものをつくるうえで大切だと作品を通して伝える。

木工でものをつくるということを考えると、同じ知識《ちしき》でも、知っているということと、できるということが違《ちが》うことだということに気づくだろう。知っていることは大切だけれど、実際《じっさい》に「できる」ためには、知るだけではだめなのだ。知識《ちしき》と言っても、言葉にしやすい知識《ちしき》と、しにくい知識《ちしき》がある。ものをつくるうえで必要な知識《ちしき》は、頭の中ではなくて、もっと全身で「知る」ことだ。ものをつくる人たちが「わかった」とか「知っている」と語る時、それは「できる」ということなのだ。

学校の教科のなかで学ぶことは、本に書かれた文字や数字によることが多いし、学校で優秀《ゆうしゅう》な成績《せいせき》を得る人こそが知識《ちしき》が豊富《ほうふ》であると思われがちだ。実際《じっさい》にやることで身につけられる、言葉にならない知識《ちしき》は、知識《ちしき》と思わず軽く考える人たちもいる。しかし、ものをつくる人びとにとって、言葉にならない知識《ちしき》は重要だ。美術《びじゅつ》や工芸だけではなく、何か新しいものをつくるには、そういう知識《ちしき》にささえられた能力《のうりょく》が必要だ。

いろいろな感覚を使って感じることを、体験という。ぼくらは、世界をさまざまな方法で体験している。自然を体験する。生活を体験する。まわりの出来事を体験する。それは見たり、聞いたり、さわったり、いわゆる五感をはたらかせて感じることだ。感じたものは、ぼくらの頭の中で、ひとつの考えにまとまり、ぼくらの記憶《きおく》に残る。その時に、言葉が大切な役割《やくわり》を果たしている。

ぼくらの中に残った記憶《きおく》が、たとえば何かをつくりたいという欲求《よっきゅう》と結びついて、ぼんやりとした期待が生まれる。ぼくらは、その期待やあこがれを、はっきりとした姿《すがた》にしようと、行ったり来たりしながら、ものをつくり出す。これが、ものづくりの体験だ。

野山に行って自然を感じることと、自分で木を切って何かをつくることは、同じように体験と呼《よ》ばれるけれど、厳密《げんみつ》に言うと違《ちが》いがある。どちらの体験も、体の表面だけではなくて心の奥底《おくそこ》でしていると思うけど、ぼくらを取《と》り巻《ま》く外の世界と、ぼくらの心の奥底《おくそこ》とを行き来している「姿《すがた》」をつくる力（イメージ）の向かう方向は違《ちが》う。外から来るのか、ぼくらの方から行くのかの違《ちが》いだ。

「自分でつくる」体験は、自分の中からイメージを外の世界に出すことになるが、そのイメージを生み出す力は、外から取り入れなければならない。とくに、ものをつくる時には、いっぺんで完成できず、つくったり、ながめたり、つくったりを、くりかえさなくてはならない時がある。これを、試行錯誤《しこうさくご》と呼《よ》んでいるが、ここでは体験の方向は自分の中と外を行ったり来たりしている。ぼくらは、そのような体験をすることで、ものをつくっている。

## 2　不便を楽しむ

こうした「ものづくり」で大切なことは、不便を楽しむことだと思う。そして、時間をかけ、結果だけではなく、プロセスを大切にする。昔の暮《く》らしと今の暮《く》らしの違《ちが》いを勉強すると、もう、昔には戻《もど》れないと思ったりする。たいていの人は、不便は「悪い」という意味にとらえる。反対に便利なことは「良い」になる。生活を便利にするために電気や水道、交通機関をはじめ、工業製品《こうぎょうせいひん》は驚《おどろ》くべきスピードで進歩してきた。とてもありがたいと思う。しかし、学校でも社会でも効率《こうりつ》が優先《ゆうせん》され、便利になることで、何か大切なことを、あきらめたり、忘《わす》れたりしていないだろうか。時間を節約するなかで、あきらめたことはなかっただろうか。時間を節約し、その節約した時間で何をするのか。ぼくらは、必要以上に便利さを追求し、人間の必要以上につくったり、使ったりすることで自然に負担《ふたん》をかけていないだろうか。

ぼくが子どものころに読んだ物語の中の悪い魔物《まもの》たちは、いつも最初はとても優《やさ》しくて、必要以上にぼくらを楽しくさせてくれるのだが、最後は、そのつけを払《はら》わされて、とても怖《こわ》いことになる。ぼくらは、ものづくりの世界で、そんな取引を進めていないだろうか。実際《じっさい》の世界と物語の世界は、それほど違《ちが》わないことに、みんな年をとってから気づくものだ。

ものづくりは、不便を楽しめる人がおこなうのだ。自分の手でつくることを楽しんでいる人にとって、それはもう「不便」ではなくなるだろうけれども。

そして、ものづくりには、つくる楽しみだけでなく、それが生活に役立つ喜び、使う人がうれしくなる、という3つの喜びがある。スウェーデンの人たちは、日々、厳《きび》しい自然に謙虚《けんきょ》に接《せっ》しながら、それらの喜びの世界で生きていた。

# 著者の作品

織《お》り機《き》。

テーブルの上に置いて使う箱。

小さな家。

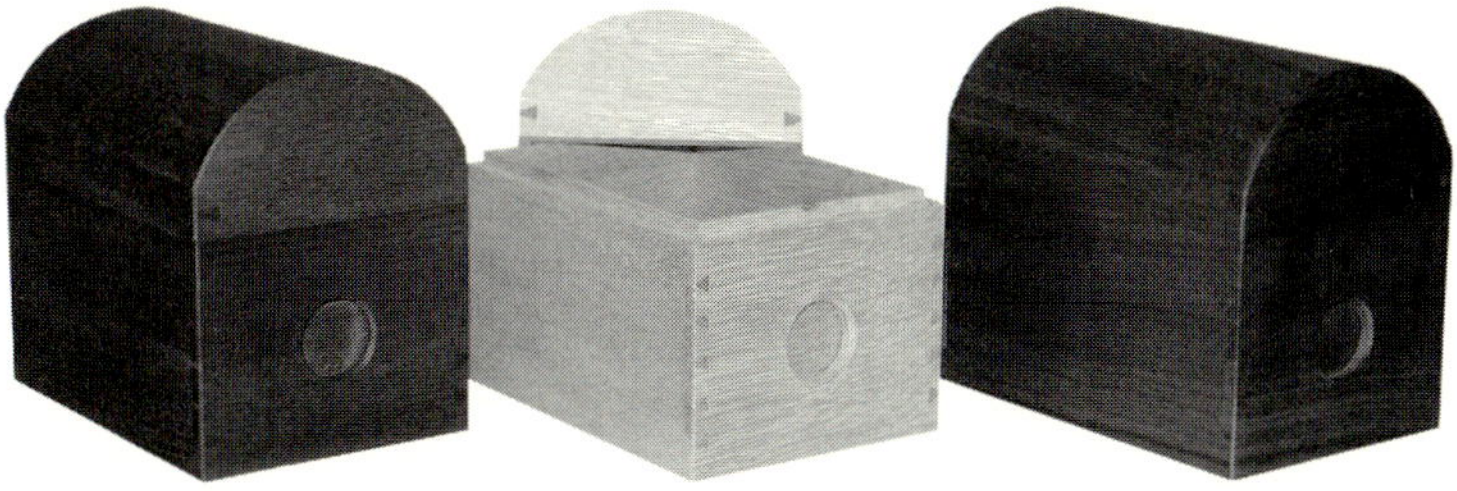

大事なものを入れる宝箱《たからばこ》。

# Ⅶ　ものづくりのこころ

## 1　自分でつくる、使う、考える

　ぼくがスウェーデンで学んだことは、自然のなかで、ひとまかせにせず、できるだけ自分で「つくる」ということを大切にすること。そして、それを楽しむということを忘《わす》れてはいけないということだった。

　自分でつくり、自分で使ってみる。良いのか悪いのか、自分で考える。時間がかかり、効率《こうりつ》も良くないように見えるけれど、これが大切だ。それは、どうすれば「新しい」ものをつくり出すことができるのかということに通じる。

　新しくものをつくることを、創造《そうぞう》という。そういう力を創造力《そうぞうりょく》という。学校で創《そう》造力《ぞうりょく》とか創造性《そうぞうせい》という言葉を聞いたことがあると思うけれど、人間にあてはめて使うようになったのは最近のことだ。神様のことを創造主《そうぞうしゅ》と言うが、以前は、神様にしか創造《そうぞう》する力はないと思われていた。人工衛星《じんこうえいせい》が地球の周りを回りだしたころに、人間の創造力《そうぞうりょく》が注目されるようになった。創造力《そうぞうりょく》を持つ特殊《とくしゅ》な人を見つけ出すために、いろいろなテストが考え出された。そして現代《げんだい》では、創造性《そうぞうせい》はすべての人が持ち合わせている能力《のうりょく》であると考えるようになった。さらに、どうしたら創造力《そうぞうりょく》を育てることができるかということが問題となった。たとえば小学校の図工や中学校の美術《びじゅつ》の時間は、創造力《そうぞうりょく》を豊《ゆた》かにすることが目標の一つになる。

創造力《そうぞうりょく》というのは、新しくものをつくり出す力だと言ったけれども、もう少しくわしく説明すると、「これまでやってきた方法で解《と》くことができない問題を、新しい方法を見つけて解決《かいけつ》する力」ということだ。何かを解決《かいけつ》するにはアイデアが必要になる。でも、アイデアは創造《そうぞう》の第一段階《だんかい》にすぎない。解決《かいけつ》するには、さらに新しいアイデアが必要になるかもしれないし、そのアイデアを実現《じつげん》させていくには、さまざまな実験が必要になるだろう。この流れの全体を、創造力《そうぞうりょく》と呼《よ》ぶ。だから、アイデアだけの人や、きめられたものをつくるだけの人は、創造力《そうぞうりょく》ある人と言えないわけだ。

では、「新しくものをつくり出す」という時の「もの」は、どのようなものかと思うだろう。創造性《そうぞうせい》の流れを研究して分析《ぶんせき》したところ、芸術作品《げいじゅつさくひん》、工芸品、工業生産品からお話や、友だちを笑わすジョークやお笑いのネタまで、新しいものは、同じような手順を経《へ》てつくり出されるということもわかってきた。まず準備《じゅんび》する段階《だんかい》、次によく考える段階《だんかい》、理解《りかい》する段階《だんかい》、そして完成の段階《だんかい》、という流れだ。

前に述《の》べたように、何かをつくり出すには、技術《ぎじゅつ》や素材《そざい》についての知識《ちしき》が必要だ。これらは見ることができるし、言葉で伝えることができるかもしれない。木工なら、木の切り方やけずり方、木と木を組み合わせる方法や組み立て方、使いやすい形や大きさ、重さなど、実際《じっさい》にものをつくるなかで生まれてきたたくさんの技術《ぎじゅつ》や知識《ちしき》がある。

しかし、頭の中にものづくりの知識《ちしき》があっても、「つくる」ことはできない。そこには、技術《ぎじゅつ》と実際《じっさい》の経験《けいけん》が必要だ。わかっていてもできないと言うのは、本当の意味

浮《う》かんだアイデアの背後《はいご》には長い時間がある。

で「わかっていない」のだ。

ものをつくり出すのに必要なことは、技《ぎ》術《じゅつ》や知識《ちしき》だけではない。技術《ぎじゅつ》だけでは新しいものはできない。何をつくるのかが大切だ。何をつくるのか思いつくことを、アイデアが浮《う》かぶと言う。アイデアは実際《じっさい》のところ、ぽっかりと浮《う》かんでくるものではない。アイデアが浮《う》かぶのは一瞬《いっしゅん》だけれども、その背後《はいご》に長い時間が横たわっている。そういう時間に敬意《けいい》をはらうことが、ものづくりの基本《きほん》だ。

ぼくらの生命そして生活は、自然の中で

育った食物や材料によってささえられ、人間はそれらに手を加えて利用し、豊《ゆた》かになってきた。工芸の役割《やくわり》は、自然環境《しぜんかんきょう》とのかかわりの中で、人びとの生活の質《しつ》を高めること、つまり生活を豊《ゆた》かにすることだ。日常品《にちじょうひん》は生活をささえ、生活にささえられてつくり出される。ものたちは、どんな形でもよいのではなくて、それぞれがそこに住む人びとの考え方を反映《はんえい》している。よく考えたものもあれば、思いつきだけではないかと思われるものもある。さまざまな思いや考えが、ものたちをつくっている。車やカメラやラジオなどの機械もそうだけれど、スプーンやフォークやナイフや家具も、同じように人びとの考えや思いの結晶《けっしょう》だ。

つくることができるには、長い道のり、時間が必要な場合もある。ようやくつくりあげることができて、人は本当の意味で、「もの」を理解《りかい》する。「知っている」から「できる」に変化するのだ。おそらく、そこには、人びとの歴史、考え方、自然環境《しぜんかんきょう》などが影響《えいきょう》するだろう。とくに、生活で使われるものは、そこに住んでいる人たちの生活が形をつくる。そこでの人びとの生き方が、ものの形をつくるのだ。

工芸は、人から人へ、世代から世代へ伝えるということが大切だ。そして工芸で使う材料もまた、伝え育てることで存在《そんざい》している。今、家具をつくろうと木を植えて育て始めたら、使えるようになるまでに100年以上かかる。材料によっては、200年以上もかかって生み出される。かかった月日の長さを思うとき、人びとのつながりや環境《かんきょう》をささえあうということの大切さが見えてくる。

ぼくは、古い道具やすり減《へ》った家具を見て、きれいだなと思うことがある。あれは、長い時間のなかで、たくさんの人たちがかかわり、考えてつくり、伝えてきたから美しくなったのだろう。何世代にもわたって伝えながらつくり出されてきたものは、一人の人間の力ではつくり出せない。時間を超《こ》えたコミュニケーションだ。ぼくらの社会や生活が変化していくなかで、ものの形も変化している。

木製《もくせい》の道具や家具は、骨董《こっとう》のように過去《かこ》のものと思われる場合もあるが、スウェーデンでは、ひとつの手法として現代《げんだい》に生きていた。ナイフのけずりあとがあるような、荒《あら》けずりな木材のもつ表情《ひょうじょう》が、古くさくなるのではなく、現代的《げんだいてき》ですらある。なぜ古くさく感じないのかという問いの答えは、それが古くないからだ。それを人びとが受けつぎ、「もの」が新しい命、新しい生活をもらう。ぼくは、木工を始めたころ、技術《ぎじゅつ》が上がれば工業生産品のように美しいものをつくれると単純《たんじゅん》に思っていた。正確《せいかく》な機械のようにつくるにはどうしたらよいかと考えていたぼくが、今では、時が経《た》ってできた隙間《すきま》や傷《きず》すら味があるのだと思うようになった。左右対称《さゆうたいしょう》、正確《せいかく》な円。それだけがすべてではない。ぼくらの生活は、そんなにかたくなくていい。木材はやさしい。もっと自由で良い。

## 2　意思の力と創造性《そうぞうせい》

新しいものをつくるには、技術《ぎじゅつ》、経験《けいけん》、知識《ちしき》、アイデアなど、いろいろな能力《のうりょく》が必要になることがわかった。そうして、それらは別々にあるのではなく、おたがいに関係をもちながら、影響《えいきょう》をし合っていなくてはいけない。

材料と道具は、ものをつくるときにとても大切なものだけれど、それだけあれば何かをつくれるというわけではない。つくるには、つくりたいものへの思いが必要だ。そしてさらにそれを具体化する力。ちょうど、それは問題を自分で考えて、自分で解《と》いていくことだと言える。どんなものを、どういうふうにつくるのか。なぜ、つくるのか。新しいものをつくり出す時に生まれるその問題は、技術《ぎじゅつ》や材料のことを知るだけでは解《と》くことができない。それは、つくりたいという強い意思の力、こころざしで動かされている。

たとえば、人間が自然と向かい合い、生きていくために生み出してきたものたち。北欧《ほくおう》の厳《きび》しい自然を、道具や技術《ぎじゅつ》をつくり出すことで生き延《の》びてきた人たち。ものがつくりだされるその背景《はいけい》に、強い精神《せいしん》を感じる。

ものづくりには、つくりたいという気持ちが大切だ。結局のところ、創造力《そうぞうりょく》を育てるというのは、人間の内側から生まれる気持ちを育てることになる。技術《ぎじゅつ》や知識《ちしき》や

ものづくりの「こころ」。

方法はそれを助けるもの。ともかく、まずは、つくりたいと思わなくては始まらない。

技術《ぎじゅつ》や知識《ちしき》をまとめて、ひとつの方向へみちびく何かが必要だ。たとえば、最初にあるのは、つくりたいという気持ち（こころ）だ。このものづくりの「こころ」は、いかに学べるのだろう。

ぼくは「馬鹿《ばか》な考え、休むに似《に》たり」などと子どものころに言われた。たしかに休んでいたこともあったのだが、真剣《しんけん》に考えている時だってあった。ぼくは「そんな効率《こうりつ》の悪いことをしていてはだめだ」と考えたりするし、どちらにしようか迷《まよ》ったり、戻《もど》ったりすることもどちらかというと好きではない。でも、ぼくは新しくて、すてきなものをつくりたい。それはどうやら効率《こうりつ》良い勉強だけではできないみたいだ。

ぼくはこれまで、ものをつくることを仕事にして、迷《まよ》ったり、戻《もど》ったりすることが大切な場合があることを学んだ。創造性《そうぞうせい》について研究している人たちは、新しいものをつくるには、この状態《じょうたい》が大切であると言っている。迷《まよ》ったり、戻《もど》ったりしてよいのだ！ ものをつくるとき、一見、効率《こうりつ》が悪く遠回りのように見えるものが、もっとも近く確実《かくじつ》な道だったりする。

さらに研究者たちは、「創造的《そうぞうてき》な人ほど実際《じっさい》に製作《せいさく》にとりかかるまで時間をかける」という。同じ課題でも、創造的《そうぞうてき》でない人は、一つだけ思いついたものをすぐにつくり出し仕上げてしまうが、創造的《そうぞうてき》な人は、いくつもの案を考え出して選び、試しながらつくるのだという。ノーベル賞を受賞した科学者の中には、長い研究の過程《かてい》で失敗やミスがきっかけとなり、大発見にいたったという人もいる。新しく良いものをつくるには、どうやら早いだけではだめらしい。

ともかく、ぼくらはだれでも創造力《そうぞうりょく》をもち、すてきなものをつくり出して、まわりの人や自分の生活を楽しくさせることができるのだ。

ぼくたちは、手でものをつくることを小学校の図工や中学校の美術《びじゅつ》のなかで学ぶ。そこで、何をつくるのか、いかにつくるのか、なぜつくるのかを学ぶ。単につくり方だけではなく、人や社会、環境《かんきょう》に迷惑《めいわく》をかけない方法や、人と人とのコミュニケーションの大切さ、さらにはつくるということは何であるのかという哲学《てつがく》のようなものを学ぶ。手づくりの意味、良さ、大切さをささえるのは図工や美術《びじゅつ》の教育ということになるだろう。

自分が使うものを、自分でつくる。大切なのは、できあがったものだけではなく、楽しみ、感じながら、つくる活動そのものだ。

ものづくりで大切なのは、楽しみ、感じながら、自分でつくることだよ。

つくってみよう④

# つるつるバターナイフ

## 用意するもの

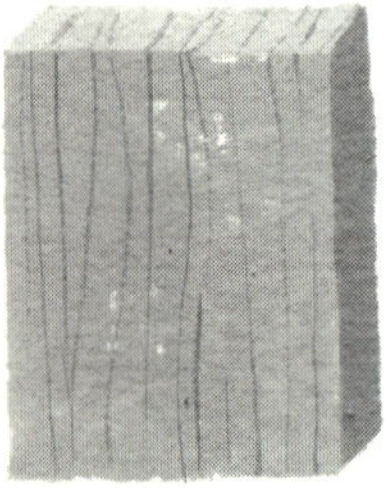

てきとうな大きさの板
（厚《あつ》さ１cm くらいだとけずりやすいよ。）

のこぎり

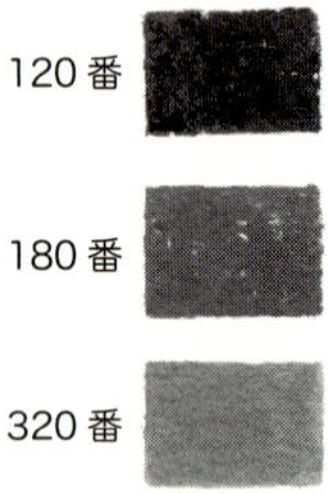
120 番
180 番
320 番

紙ヤスリ３種類
（うらにシールのついているものが使いやすいよ。）

使わないスプーンかドライバー

❶つくりたい形を板に描《えが》こう。
木目《もくめ》の向きに沿《そ》った形で描こう。

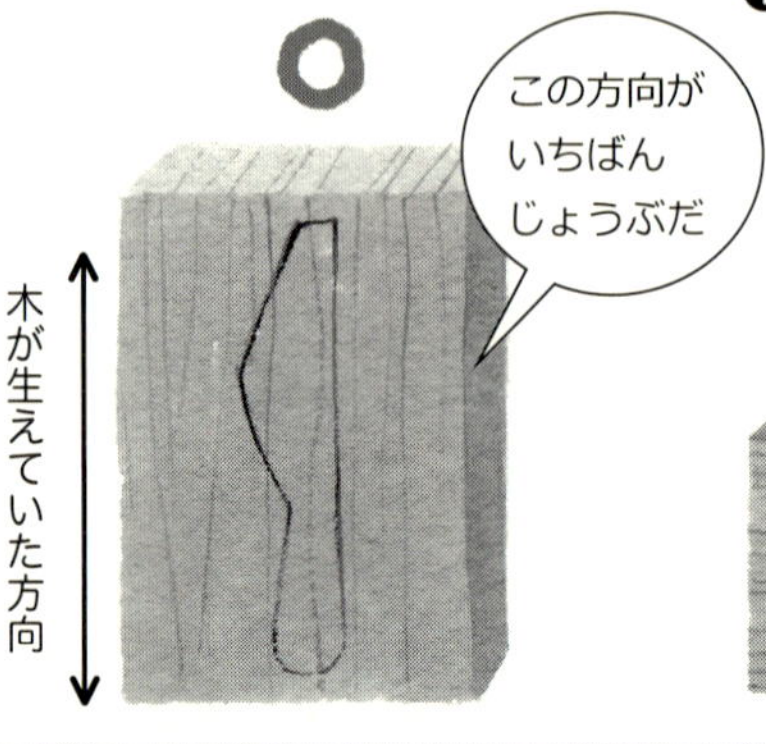
〇
この方向がいちばんじょうぶだ
木が生えていた方向

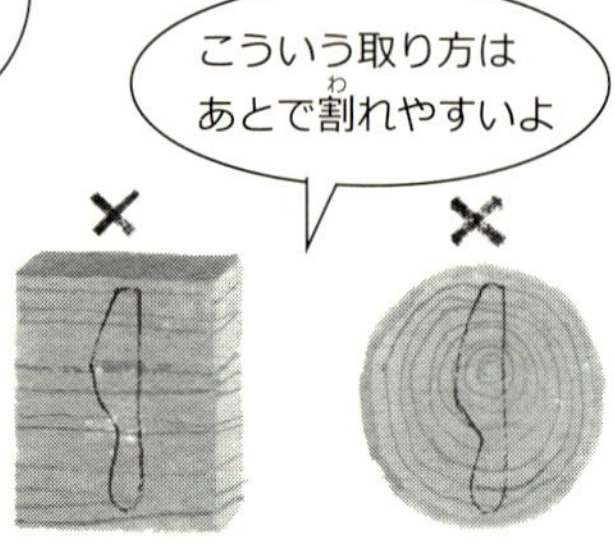
こういう取り方はあとで割《わ》れやすいよ
✕
✕

❷描《えが》いた線に沿《そ》って、
おおまかにのこぎりで
切ろう。

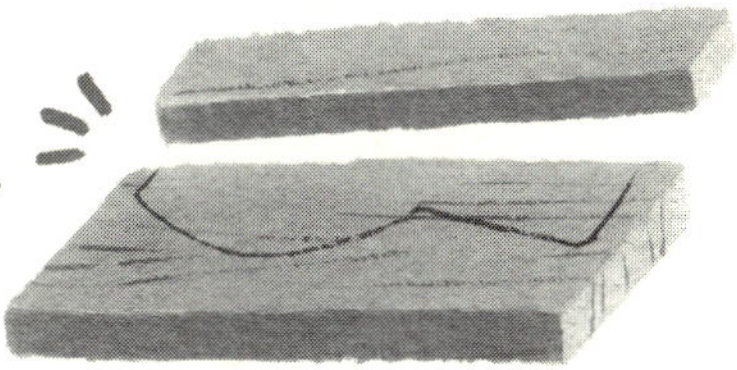

120 番の
荒《あら》い紙ヤスリなら
気に入った形を
けずり出せるけど、
切り出し小刀を
使うのも手だよ

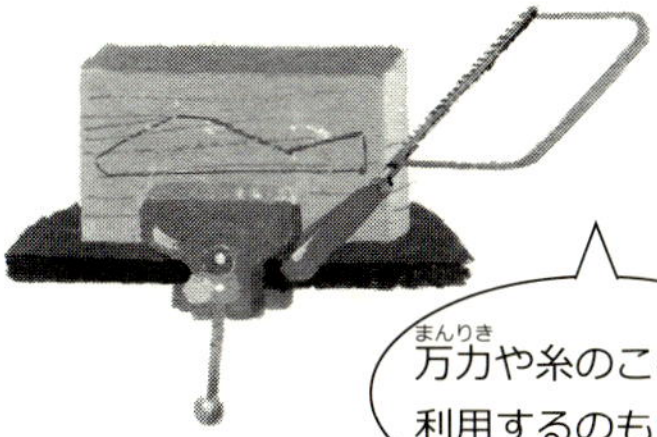

万力《まんりき》や糸のこを
利用するのもいいね

❸全体に紙ヤスリを
かけて仕上げよう。

120 番でついた
ざらざらの面を
180 番でみがこう。
最後に 320 番で
つるつるにしよう

使いやすい形になるよう
いろいろくふうしてみよう。
同じやり方で
スプーンもつくれるよ！

スプーンや
ドライバーに
巻《ま》いて使おう

●コラム

# スロイド教育について

スウェーデンの子どもたちが勉強しているスロイドという教科は、現代《げんだい》では、木材・金属《きんぞく》、テキスタイルという素材《そざい》をあつかう。それぞれの素材《そざい》について専門的《せんもんてき》な知識《ちしき》を持った先生たちが、日本なら小学校1年生から中学校3年生までにあたる「基礎学校《きそがっこう》」でスロイド教科を教えている。

　1960年頃《ごろ》までの木材スロイドの先生方は、ネースというところにある教員養成学校(セミナリエ)で学んだ。ネースにあるスロイドのセミナリエは、オットー・サロモン(1849-1907)によって1874年に設立《せつりつ》された。

サロモン

　ネースは、もともと領主《りょうしゅ》の城《しろ》であり、サロモンの叔父《おじ》のアウグスト・アブラハムソンが夫人とともに暮《く》らすため購入《こうにゅう》したものだった。アブラハムソン夫人が早世したため、アブラハムソンの世話をするために、若《わか》きサロモンがこの地に来たのだ。この地に住む人びと、世界の人びとへの博愛の精神《せいしん》から生まれたかれらの活動は広まり、1880年から外国の派遣団《はけんだん》や教員が相次いで訪《おとず》れ、のちにリンシェーピン大学に移《うつ》る1960年頃《ごろ》まで、ネースはスロイド教育のみならず、世界中の工作・工芸教育の聖地《せいち》となった。日本からも野尻精一《のじりせいいち》、後藤牧太《ごとうまきた》という二人の日本人が訪《おとず》れており、のちに工作の教科のもととなった手工科が日本でも設置《せっち》された。

　アブラハムソンの遺言《ゆいごん》でネースの広大な土地と施設《しせつ》は、スウェーデン国に寄付《きふ》され、現代《げんだい》のスロイド教育、工作教育へと続いている。

# あとがき

大学で家具製作《かぐせいさく》を学んでいた頃《ころ》に北欧《ほくおう》の様々な作品を見て、「北欧《ほくおう》デザインはいかに創《つく》りだされるのか」ということが興味関心《きょうみ》の一つになった。

わたしが惹《ひ》かれた北欧《ほくおう》デザインに共通する特徴《とくちょう》は、北欧《ほくおう》社会やその教育によって育てられている。なかでもスロイド教育は重要な基礎《きそ》を担《にな》っており、自らもそのような教育を受けてみたいと考えた。幸いにもわたしは師《し》に恵《めぐ》まれ、スウェーデンに留学《りゅうがく》をすることが可能《かのう》となり、実際《じっさい》にスロイド教育にふれることができた。その後、大学に勤務《きんむ》し、木材工芸と美《び》術《じゅつ》・工芸教育学を担当《たんとう》している。

わたしの興味《きょうみ》関心は「人間はいかにものをつくるのか」であったが、あまりに大きなテーマであったことに気づかされた。なぜなら、それは「人間はいかに生きるのか」という問いと同じだったからだ。

わたしはここで、3つの面からオットー・サロモンに感謝《かんしゃ》したい。一つは、若《わか》きサロモンがスロイド教育を世界に拡《ひろ》げてくれたことである。わたしが小学校の頃《ころ》好きだった図画工作もまた、スロイドの精神的《せいしんてき》な流れを汲《く》んでいる。もう一つは、スロイド教育学の研究によって、サロモンの博愛的な仕事に触《ふ》れることができたことである。人のために何かをしたいという熱い気持ちが、あの静かな国にあったということは忘《わす》れられない。最後の一つは、スウェーデンの木工作品に触《ふ》れることができたことである。サロモンの精神《せいしん》は、その作品の一つ一つにも見い出すことができる。わたしは、この本をサロモンに捧《ささ》げたいと思いながら考えた。わたしはサロモンに会ったことはないのだ。

　しかし、わたしは、かれのおかげで、たくさんのスウェーデンの人びとにお会いできた。スロイド教育学とデザインの理念と学問の方法をていねいに教えてくださったリンシェーピン大学スロイド・インスティテュートのヤン・フェーグレン博士は、サロモンのように博愛の人であった。かれから学べたことに心から感謝《かんしゃ》する。インスティテュート長のベント教《きょう》授《じゅ》もまた同様にすばらしい先生であった。様々な領域《りょういき》から指導《しどう》をいただいた先生たち、大学図書館の司書さんや事務《じむ》の方々にも、とてもお世話になった。遊びも含《ふく》めて、生活を支《ささ》えてくれたリンシェーピン・リュッドの寄宿舎《きしゅくしゃ》コリドールの友人たち。かれらは、わたしが読めずに苦労していた古い文献《ぶんけん》を、専門《せんもん》も違《ちが》うのに何度も親切に説明してくれた。遠く会えないのが残念だ。

さらに正直に考えると、わたしは、一人でスウェーデンに行くことができるようになったわけではない。わたしを導《みちび》いてくださり、以来、変わることなくお付き合いいただいている恩師《おんし》の池辺国彦《いけべくにひこ》教授《きょうじゅ》そして奥様《おくさま》、太田洋三《おおたようぞう》教授《きょうじゅ》に深く感謝《かんしゃ》したい。また、経済的《けいざいてき》に支《ささ》えてくれた両親も含《ふく》め、すでにわたしの感謝《かんしゃ》の気持ちを声で伝えることができない方々がいらっしゃることを残念に思う。

わたしがスウェーデンへ行く時も帰る時も、空港までの遠い道のりを自分の愛車を運転し、なぜか?同じ曲をかけながら送迎《そうげい》してくれた世取山良徳《せしゅやまよしのり》君、田中良明《たなかよしあき》君、福島晃《ふくしまあきら》君は、年の流れを感じさせない高校時代からの友人である。共に長生きすることを祈《いの》りつつ御《お》礼《れい》申し上げたい。

最後に、本書の出版《しゅっぱん》に際《さい》して様々なご協力をいただいた戸谷龍明《とたにたつあき》氏、小峰書店の渡邊航《わたなべこう》氏、すてきなイラストを描《か》いて下さった佐々木洋子《ささきようこ》さん、装幀《そうてい》をして下さった舟橋菊男《ふなばしきくお》さん、林信太郎《はやししんたろう》教授《きょうじゅ》に感謝《かんしゃ》いたします。

お付き合いいただいた読者の皆様《みなさま》に、すばらしい人生がありますように。

遠藤敏明

■著者　**遠藤 敏明**（えんどう・としあき）
……1958年、神奈川県横浜市生まれ。秋田大学教育文化学部教授、博士（芸術学）、修士（教育学）。筑波大学大学院博士課程芸術学研究科芸術学専攻芸術教育学専修単位修得中退。専門は、芸術教育学、木材工芸。少年時代から工作に深い関心をもち、千葉大学卒業後、スウェーデン国立リンシェーピン大学に留学、スロイド・インスティテュート（クラフトデザイン学部）に学ぶ。

現在、素材の特性や周囲の環境、使い手の暮らしなどに合ったものづくりの大切さや、その教育の必要性を学生たちに伝えるいっぽう、木工作品を制作し、日本クラフト展などに出品している。

スウェーデン語で執筆した研究図書（Utvecklingen av en pedagogisk idé, Synpunkter på slöjden i Sverige under mer än ett hundra år.）は、スウェーデン各地の大学や公立の図書館におさめられているが、本書が、日本における初の一般向け著書である。

**写真・図版協力**（敬称略）　林信太郎／オフィスぴゅーま

〈自然と生きる〉**木でつくろう　手でつくろう**　NDC750 151P 20cm

2012年11月15日　第1刷発行

著　者　遠藤敏明
発行者　小峰紀雄
発行所　株式会社小峰書店　〒162-0066　東京都新宿区市谷台町4-15
電話 03-3357-3521　FAX 03-3357-1027　http://www.komineshoten.co.jp/
組版・印刷／株式会社三秀舎　　製本／小髙製本工業株式会社


ISBN978-4-338-24803-7